万里茶道河南段文化遗产调查与研究

河南省文物建筑保护研究院 ◎ 编著

文物出版社

图书在版编目（CIP）数据

万里茶道河南段文化遗产调查与研究 / 河南省文物
建筑保护研究院编著 . —— 北京：文物出版社 , 2016.11
ISBN 978-7-5010-4707-9

Ⅰ . ①万… Ⅱ . ①河… Ⅲ . ①文化遗产—调查研究—
河南 Ⅳ . ① K296.1

中国版本图书馆 CIP 数据核字 (2016) 第 254327 号

万里茶道河南段文化遗产调查与研究

编　　著：河南省文物建筑保护研究院

责任编辑：孙漪娜
封面设计：孙　鹏
责任印制：张道奇

出版发行：文物出版社
地　　址：北京市东直门内北小街 2 号楼
网　　址：http: //www.wenwu.com
邮　　箱：web@wenwu.com
经　　销：新华书店
制　　版：北京宝蕾元科技发展有限责任公司
印　　刷：北京京都六环印刷厂
开　　本：787×1092 毫米　1/16
印　　张：13.25
版　　次：2016 年 11 月第 1 版
印　　次：2016 年 11 月第 1 次印刷
书　　号：ISBN 978-7-5010-4707-9
定　　价：210.00 元

目 录

第三章　万里茶道河南段文化遗产

第四章　万里茶道河南段文化遗产相关研究

序　言

中俄万里茶道，是 17~20 世纪初欧亚大陆的一条重要的经济、文化国际通道，是中国文明向欧洲传输和欧洲文明向中国传输的共享文化线路，也是继丝绸之路后又一条中外交流的重要的国际经济大动脉。这条茶道跨度大、影响深远、文化内涵丰富，具有普遍文化价值，是古人遗留给我们的一笔丰厚的文化遗产。

中国是茶叶之乡，中国人饮茶之风历史悠久，并影响了世界上一百多个国家和地区。中国茶的外输在唐代即有记载，当时是通过海、陆丝绸之路向西输往西亚和中东地区，向东输往朝鲜、日本，17 世纪便已运销包括中欧、西欧在内的整个欧洲。17 世纪初，中国茶叶初入俄国，中俄《尼布楚条约》和《恰克图条约》的签订使茶叶贸易走向繁荣，成为中俄间最主要的大宗商品贸易。

中俄万里茶道是以山西商人为主开辟的一条国际内陆商业通道，茶叶经茶商种植、采摘、加工后，由福建、江西、湖南运输至湖北汉口，再北上经河南、山西、河北、内蒙古以及蒙古国，直至当时的中俄边界口岸恰克图，在这里进行交易。

河南在这条商业通道中处于水陆交通转运及平原向山区过渡的中心地带，地理位置上的重要性不言而喻，也因此成为整个贸易的交通枢纽和货物集散中心。茶叶船运经汉口沿汉水上行，在襄阳转唐白河北上进入河南南阳，在南阳市、赊店镇等地上岸转陆运，经南阳、平顶山、洛阳、济源、焦作等市，越太行山进入山西，然后北上。南阳作为水陆转运的节点，形成了多处大型水陆转运码头，特别是赊店镇，商贸繁盛，形成了 72 道商业街、36 条胡同的格局，分行划市，相聚经营，是我国较早的专业化市场类型。镇内客商云集，各地商人为联乡谊、通商情，集资修建同乡会馆，有山陕会馆、福建会馆、湖北会馆、湖南会馆、广东会馆、江西会馆、直隶会馆等十余座，其中因山陕商人居多且实力雄厚，山陕会馆最为富丽堂皇、宏伟壮观，被誉为"辉煌壮丽，天下第一"。赊店也成为当时万里茶道上的交通枢纽及首要水陆转运码头。

河南茶路的开辟推进了南北方经济和文化的交流、发展与融合，河南不仅成为受益者，同时也是传播者。除了中俄万里茶道纵贯南北的这条主线外，河南作为茶叶贸易的集散中心，还向西、向东北等方向辐射，形成多条贩运线路。而茶路沿线现存的大量不同类型的文化遗产，见证了茶路的兴衰，这些留存下的丰富的文物资源是当地经济和不同类型文化发展与交流的历史见证。

河南省各级文物部门一直关注着万里茶道文化遗产的研究和保护工作，河南省文物局筹措专项经费，组建了以河南省文物建筑保护研究院为主要力量的调研队伍，茶道沿线市县也积极参与，三级联动，资源共享，通过努力，现已基本摸清了河南境内茶道线路分布及沿线相关的十余种类型的弥足珍贵的文化遗产，也推出了一批高质量的研究成果。在此基础上，河南省文物建筑保护研究院汇总调研成果编纂了《万里茶道河南段文化遗产调查与研究》这本著作，将茶道线路、相关遗产及研究成果公示与众，宣扬茶道文化，引起公众关注，抛砖引玉，以推动更多的人参与到万里茶道的研究与保护工作之中。

通过调查我们了解到，万里茶道河南段相关文化遗产中大部分保存现状不容乐观，有些已处于濒危状态，因此下一步的工作重心主要是做好茶道文化遗产的各项保护工作，这是我们不可推卸的责任和义务。保护工作中，一方面要加强研究，做好价值评估，有重点地将相关遗迹申报为各级文物保护单位；另一方面则要推进规划、文物本体保护、环境整治等保护工程，为万里茶道申报世界文化遗产打下坚实的基础，将万里茶道文化遗产保护工作坚持不懈地推行下去。

河南省文物局局长　陈庆兰

第一章

万里茶道综述

万里茶道河南段文化遗产调查与研究 |

一　茶与茶叶制度

中国是茶叶之乡，茶文化源远流长。中国人饮茶历史悠久，古籍《诗经》、《尔雅》中即有关于茶的文字记录。到了唐代，茶叶已经很普及，饮茶已成为风气，陆羽由此而著世界上第一部茶叶专著《茶经》，被后人称为"茶圣"，《茶经·六之饮》上有一段记述："茶之为饮，发乎神农氏……，滂时浸俗，盛于国朝，两都并荆俞间，以为比屋之饮。"饮茶之风日盛，必然带来茶叶贸易及官方对贸易活动的管理。

茶叶贸易始于内地与北方少数民族茶马交易，唐代时，开始对茶叶贸易实行严格的茶税制，唐贞元十年（794年），茶税三等定估，十税其一，税率10%，唐穆宗（821~824年）时茶税又增加一半，税率达15%。茶叶贸易成为国营。唐时贩私茶三次，总数达300斤，即处死刑；种茶园户私卖100斤以上，便须"杖脊"。如有组织的"长行群旅"，进行武装贩运，即使茶少，亦皆死。宋初朝廷对茶叶实行官卖，全国设6个管理茶税及茶叶交易的榷货务和13个生产茶叶的山场。种茶的园户从官府领取本钱，将所制之茶除输租外，尽纳与官府，由官府通过榷货务发卖。宋嘉祐（1056~1063年）年间，全国改行通商法，园户种茶，官府收租钱，商贾贩茶，官再课税，至于茶商与园户交易，则听其自便。对于私茶，取缔甚严，重者处死，轻者没收。宋末，少数民族以马易茶，政府设茶马司，专司茶与马的交易之职。金朝时所用之茶输自南宋，后因"费国用而资敌"，遂于章京承安三年（1198年）设官制茶，在靠近南方的金国占领地引种扩增茶场，并用茶引制度，买引者纳钱或折物，各从其便，袋装茶每斤售价600文，后减为300文。承安五年（1200年），罢造茶之坊，限七品官以上方许饮茶。元代茶课，用引岸制，元世祖至元十三年（1276 年），定长引法与短引法。长引者，每引茶 120 斤，收取税钞 5 钱 4 分 2 厘 8 毫，短引者，每引茶 90 斤，收税钞 4 钱 2 分 8 毫。至元三十年（1293 年），茶引之外又设"茶由"，每由茶自 3 斤至 30 斤不等，分为 10 等课税。至元十八年（1281 年），茶税达 24000 锭。明代茶税实行茶引制，茶引即茶叶贸易的许可证。明太祖令商人于产地买茶，须纳清钱引方许运茶贩卖，每引茶 100 斤，纳引钱 200 文，无茶引或有引而与茶分离者，便视为私茶，可以告捕。明代有茶政之设，管理以茶易马的互市，这种机构称为"茶司马"，或称"茶马司"，为官家设立的管理茶政的组织，其市在运用方式上也各有不同，如以米易茶，以茶易盐，以茶易马等，可见茶在当时已占据明朝贸易的重要地位。清初茶税承袭明制行"三法"，即官茶（储边易马）、商茶（给引征税）、贡茶（供皇室用），后期则加征厘金税。清代伊始，就消除一切禁令，许自由种植茶叶，或设官通收，或遇卡抽税。

由此可知，自唐至明清，历朝历代，国家对茶叶之生产与贸易均强化管理、严格控制，茶税亦成为重要的财税来源，同时，通过对茶叶贸易的控制，也成为朝廷控制少数民族的重要的经济手段。

二 茶叶对外贸易

中国茶叶的对外传输，最早始于以物易茶，唐开元二年（714 年）设"市舶司"管理对外贸易，中国茶叶通过丝绸之路输往西亚，通过海上船运贩往中东地区，东方则达日本、朝鲜。明、清时期，茶叶成为中外贸易的大宗商品，中国茶输往世界各地达一百多个国家。明代时中国茶进入欧洲，欧洲最早出版介绍茶叶的著作是 16 世纪 50 年代威尼斯作家拉马歇所写的《中国茶》，最早把茶运销西欧的是荷兰东印度公司的船队，然后由西欧、中欧传遍整个欧洲，使茶和丝绸成为中国和西方贸易的两种主要商品。清代曾出使英、法、比、意四国的外交家薛福成（字庸庵，1838~1894年）于光绪十四年（1888年）记："中国茶之到欧洲，始于明万历四十年（1612年），荷兰之东印度公司，携归少许，以供玩好。顺治八年（1651年），荷兰始载茶至欧洲发售。越十年，茶市益行英京，始立税茶之律。"郑和七次组建船队，出使南亚、西亚和东非30余国，波斯人、西欧人航海探险旅行，以及传教士的中西交往，把中国茶叶文化传往西方，为中国茶叶大量输入欧洲起到了推波助澜的作用。

三　茶叶贸易之路

古代中国茶叶外输的通道，人们较为熟悉和认可的主要有四条。

（一）丝绸之路

丝绸之路是人类历史上创造的亚欧大陆之间进行经贸往来与文化交流的辉煌的陆上国际通道，形成于公元前2世纪与公元1世纪间，西汉张骞首次开拓丝路，东汉班超经营西域并延伸了丝路，到隋唐达到鼎盛，直至16世纪仍在使用。这条路自东亚始，经中亚、西亚进而连接欧洲及北非，成为亚欧大陆的交通动脉。1877年，德国地理学家李希霍芬在其所著的《中国》一书中，首次把汉代中国和中亚南部、西部以及印度之间以丝绸贸易为主的交通路线，称作"丝绸之路"。1910年，德国历史学家赫尔曼在其《中国和叙利亚之间的古代丝绸之路》一书中，将丝绸之路延伸至叙利亚和罗马。关于"丝绸之路"的说法有很多，按照其内涵和地域因素基本分为三大段：东段——自洛阳、长安出发，经河西走廊至敦煌；中段——西域段，在今新疆境内；西段——中亚和欧洲各国段。2014年6月22日，在第38届世界遗产大会上，中国、哈萨克斯坦、吉尔吉斯斯坦联合申报的丝绸之路项目通过大会表决，成功列入世界遗产名录，其中包括中国境内的22处考古遗址、古建筑等遗产。

（二）海上丝绸之路

海上丝绸之路的起源可以追溯到秦代，隋唐以后，中国的政治中心东移，中国的对外贸易也逐步向海上发展，唐代初具规模，宋代达到鼎盛，并设立了专门管理海上贸易的市舶司[1]。海上丝绸之路由两大干线组成，一是由中国通往朝鲜半岛及日本列岛的东海航线，二是由中国通往东南亚及印度洋地区的南海航线。泉州、广州、宁波、福州、扬州、漳州、蓬莱、南京、连云港、北海等是中国最主要的海上丝绸之路城市。通过这些城市，中国的丝绸、茶叶、瓷器等产品跨越大海，远销他国。来自海外的珠宝香料、奇珍异兽，也源源不断地输入中国。"海上丝绸之路"不仅将中国和世界联系在一起，促进了中外文化的交流，而且丰富了中国文化的内涵，推动了世界文明的进程。

（三）中国西南"茶马古道"

中国西南"茶马古道"是一条通过云南经西藏直至印度的茶叶贩运通道。"茶马古道"这一概念是由木霁红、徐永涛、李林等先生提出。

---

1 张岚：《海上丝绸之路的重要城市》，《中国文物报》2015年5月1日。

"茶马古道"起源于唐宋时期的"茶马互市",至清代以后,成为贸易之路。"茶马古道"主要线路集中分布在陕西、贵州、甘肃、青海和西藏地区,清代以后才发展到云南西部。"茶马古道"是以马帮为主要交通工具的民间国际商贸通道,古道上的马蹄印见证了马帮在古道上留下的汗水,也成为宗教传播和文化交流的一条纽带。

(四)中俄万里茶道

此条茶叶贸易通道是以山西商人为主开辟的一条国际内陆商业大通道,茶叶由福建、江西、湖南运输至湖北汉口,再北上经河南、山西、河北、蒙古等地到达当时的中俄边界口岸恰克图进行交易。因蒙古各族与满清政府的通好关系,极少战乱,且沙漠戈壁气候干燥利于茶叶保质,为此万里茶道成为清代中国茶叶外销的主要通道。

17世纪初,中国茶叶初步进入俄国,但因路途遥远,运输困难,进入俄国的茶叶有限,基本上是供应王室贵族,成了典型的奢侈品。随着中俄贸易的发展,出口至俄国的茶叶逐渐增多,17世纪中后期,中国茶在俄国特别是西伯利亚已培养起庞大的消费群体。清康熙二十八年(1689年)中俄《尼布楚条约》的签订,勘定了国界,缓和了两国关系,稳定了边界秩序,提出了"两国人带有往来文票(护照)的,允许其边境贸易",促进了边境贸易和两国之间贸易的稳定、快速发展,是中俄茶叶贸易走向繁荣的里程碑。中俄商人从茶叶贸易中获得巨大的商业利益,茶叶逐渐成为中俄贸易中最主要的大宗商品。雍正五年(1727年),中俄签订了《恰克图条约》,其中规定:"除两国通商外,两国边境地区之零星贸易,应于尼布楚、色楞格两处,选择妥地,建盖房屋,准自愿前往贸易者贸易。"中俄茶叶贸易得到进一步发展和规范。19世纪中期,中俄茶叶贸易进入鼎盛时期。《山西历史地图集》"清代晋商商路"对中俄间万里茶道有一基本的记述:"大致在乾隆三十年(1765年)起,在山西商人的推动下,逐渐形成了一条以山西、河北为枢纽,北越长城,贯穿蒙古，经西伯利亚，通往欧洲腹地的陆上国际茶叶商路。在南方，又开辟了由福建崇安过分水关，入江西铅山县，顺信江下鄱阳湖，穿湖而出九江口入长江，溯江抵武昌，转汉水至襄樊，贯河南入泽州，经潞安抵平遥，祁县，太谷，忻州，大同，天镇到张家口，贯穿蒙古草原到库伦至恰克图，这是一条重要的茶叶商路。"1894 年，中国汉口—俄国海参崴直达航线开通，俄国商人逐步开拓茶叶市场，中俄万里茶道走向衰败。1904 年俄国莫斯科—海参崴的西伯利亚铁路全线贯通，俄国商人已完全占据茶叶市场的主导地位。1906 年中国京汉铁路（北京—汉口）通车，中国至俄国之间这条纵贯南北的万里茶道基本退出历史舞台。

中俄之间茶叶集中交易的城市就是恰克图，位于当时的中俄边界，中俄各建城毗连，中方叫买卖城，俄方叫恰克图。茶叶是晋商在恰克图出口的最大宗商品，清朝中后期，每年蒙俄需中国茶叶 40 多万箱，合 2000 多万斤。雍正年间，恰克图的中俄贸易额是几万卢布，乾隆时每年达几百万卢布，道光时每年约 1000 万卢布，咸丰二年（1852年）高达 1500 万美元。1857 年，马克思在《俄国的对华贸易》中说："（在恰克图）中国人方面提供的商品主要是茶叶，俄国人方面提供的商品主要是棉织品和毛制品……以前，在恰克图卖给俄国人的茶叶，平均每年不超过 4 万箱；但在 1852 年却达到 175000 箱，买卖货物的总价值 1500 万美元以上的巨额……由于这种贸易的增长，位于俄国境内的恰克图由一个普通的要塞和集市地点发展成了一个相当大的城市了。"[1]

中国通过蒙古到俄国出口茶叶的这条万里"茶叶之道"为晋商所开辟。明末清初，山西茶商几乎垄断了由南方产茶省份转运至俄罗斯的茶

---

1 刘晓航：《整合资源，回归历史，打造中俄茶叶之路旅游线》，《农业考古》2006 年第 2 期。

叶贸易。《茶叶杂咏》一书记述："清初茶叶均由西客经营，由江西转运河南再销关外，西客者，山西商人也。"这里"江西转运河南再销关外"就是指由江西河口（今江西省铅山县）水运至河南赊店，再由此运往关外。当时山西茶商大量采买福建武夷山、湖南安化等地茶叶，然后由水路运抵汉口，沿汉水至襄阳，溯唐白河北上达赊旗店，再由赊旗店改陆路，用骡马驮载和大车运输，顺豫西大地北上，途经平顶山、洛阳，抵黄河南岸的孟津渡口。在洛阳，茶叶运输有所分流，一小部分茶帮经洛阳、西安、兰州运往西北边疆，大部分则渡黄河，越太行，北上泽州、长治，出祁县，经太原、大同分别到张家口或归化（今呼和浩特），然后换乘骆驼，穿越戈壁大漠和外蒙，直至中俄边界的"买卖城"恰克图进行交易，部分茶帮甚至深入俄国境内直达圣彼得堡。从福建武夷山到恰克图，水陆全程约 4500 公里，其中水路 1560 公里、车路 1440 公里、驼路 1500 公里，全部行程约需五个半月，甚至超过半年。若加上俄国境内的里程，远远超过了 5000 公里，由此形成了中外商品贸易史上可与"丝绸之路"相媲美的著名的万里茶道。

四　全国万里茶道工作会议

（一）赤壁倡议

2012 年 6 月 30 日，万里茶路文化遗产保护研讨会在湖北赤壁召开。时任国家文物局文物保护与考古司司长关强，湖北省文化厅副厅长、省文物局局长沈海宁，湖北省文物局副局长黎朝斌，陕西省文物局副巡视员齐高泉，咸宁市委常委、宣传部部长陈树林，赤壁市委常委、宣传部部长李满林，以及湖南、陕西、河南、山西、河北、内蒙古呼和浩特市等省市文物局相关领导和专家学者 50 余人出席了会议，就万里茶路的形成、分布状况、文化遗产构成、文化遗产保护现状、保护工作思路等问题进行了研讨，形成并通过了《万里茶路文化遗产保护赤壁倡议》，呼吁：沿线省份要在遗产认定标准、保护技术规范、宣传口径等方面达成一致；要勇于探索，鼓励创新，共同谋划文化遗产促进社会全面发展的宏伟篇章。本次会议的召开标志着万里茶路文化遗产保护省际合作正式启动。

（二）赊店共识

2013 年 9 月 11 日，全国第二届万里茶路文化遗产保护研讨会在"万里茶路"枢纽河南南阳赊店古镇召开，来自福建、江西、湖南、湖北、河南、山西、河北、内蒙古等八省区文物部门的领导和专家参加了会议。会议达成共识：

（1）确立保护目标，比照大运河、丝绸之路等线型文化遗产保护的办法和措施，共同制定"万里茶路"保护规划和保护措施。

（2）以文化线路为理念，加强基础研究，开展"万里茶路"遗产保护现状调查，并进行综合评估，对其中价值较高、保存状况较好的推荐为各级文物保护单位，将"万里茶路"文化遗产纳入法律保护范畴。

（3）建立长效、稳定的工作机制，成立沿线城市联盟，定期研究交流，定期出版发行刊物，定期组织研讨会，设立专项研究课题，促进万里茶路文化遗产的深入研究，提升线型文化遗产的保护利用水平。

（4）在做足调查、保护、研究的基础上，建议有关部门早日将万里茶路这一文化线路列入《中国世界文化遗产预备名单》。

（三）武汉共识

在万里茶道文化遗产保护的《赤壁倡议》和《赊店共识》的基础上，2014 年 10 月 25 日，中俄万里茶道沿线 17 座城市市长、代表在武汉共同签署《中俄万里茶道申请世界文化遗产武汉共识》，确定：

（1）各方共同努力，申请中俄万里茶道为世界文化遗产。这一申遗工作在本国国家文化部门领导下进行。

（2）根据联合国教科文组织颁布的《保护世界文化和自然遗产公约》，各方积极保护本市域内的中俄万里茶道历史遗址，收集整理研究万里茶道历史资料，以利跨国文化遗产线路申遗，以利申遗成功后将城市列入世界旅游组织目的地可持续发展观测点。

（3）加强各方的历史遗址保护方案、历史资料研究成果等知识产权的法律保护。

（4）根据共同申遗的需要，在2014年底前建立磋商和联络机制，中国湖北省武汉市人民政府承担联络工作及必要的工作经费。

（5）根据平等互利原则，各方在申请世界文化遗产的前期工作中，开展文化、经济等方面的合作，促进共同繁荣发展。

（四）武夷山共识

2014年11月15日，在福建武夷山召开了全国第三届万里茶道文化遗产保护利用研讨会，国家文物局和福建、江西、湖北、湖南、河南、河北、山西、内蒙古等八省区文物局及沿线部分市县的专家、代表参加了会议，并形成了三点共识：

（1）深化研究。各省区文物局应对本省的万里茶道文物资源情况做进一步的补充调查和梳理，形成各自的调查成果后，汇编出版《万里茶道文化遗产资源调查》；要继续加强万里茶道的学术研究、文献研究以及文化内涵和突出普遍价值的研究。各相关省区、市、县应在资源调查基础上，及时将重要文物公布为文物保护单位。

（2）有序推进保护利用和世界遗产申报。八省区文物局应积极创造条件，按照世界文化遗产的要求开展价值研究、保护规划编制、保护法规制订、遗产本体保护与环境整治等各项工作，加强宣传造势，推动万里茶道早日列入《中国世界文化遗产预备名单》。

（3）建立稳定合作机制。八省区文物局一致同意设立万里茶道文化遗产保护利用联络协调小组，联络协调小组办公室设在湖北省文物局；同意由武汉市作为万里茶道文化遗产保护利用工作牵头城市，并成立相应工作机构。每年一届的万里茶道文化遗产保护利用研讨会，是八省区文物局联手打造的富有成效的合作平台，应坚持轮流举办。各省区文物局应确定相对稳定的行政协调团队，不定期召开联席会，共同商议万里茶道文化遗产保护管理事宜；建立高水平的专家团队，指导万里茶道文化遗产保护利用和申报世界文化遗产工作。

第二章
万里茶道河南段综述

万里茶道河南段文化遗产调查与研究▎

一　万里茶道河南段文化遗产调查背景

为了配合全国万里茶道文化遗产保护工作，了解和掌握万里茶道在河南省境内的线路及相关遗产的数量、类型、分布情况和保存状况，为下一步做好万里茶道遗产的保护及推动万里茶道申报世界文化遗产提供基础数据，在河南省文物局的统一指导下，全省万里茶道沿线各市县文物部门展开了调查与研究，并由河南省文物建筑保护研究院组建了专业的调研队伍，省、市、县协同调查，分工合作，资源共享，共同推进了调查工作的顺利开展，基本摸清了河南省境内万里茶道的路线和相关遗产的数量与类型。

二　万里茶道河南段线路及文化遗产概述

万里茶道河南段南与湖北相接，主要线路出湖北襄阳经唐河、白河、丹江等水路进入河南境内，在南阳、社旗等地转陆路运输，途经南阳、平顶山、洛阳等市，然后渡黄河进入济源、焦作，最后越过太行山进入山西。这条商业贸易通道的繁荣同时也带来了文化的繁荣和发展，沿线遗留下来大量文化遗产，经初步统计有古城镇、会馆、古码头渡口、古桥梁、古衙署、古商铺、古庙宇、古街区、古民居、古关口等等十余种类型，这些都是万里茶道重要的组成部分，是社会和经济发展的实物资料和历史见证。

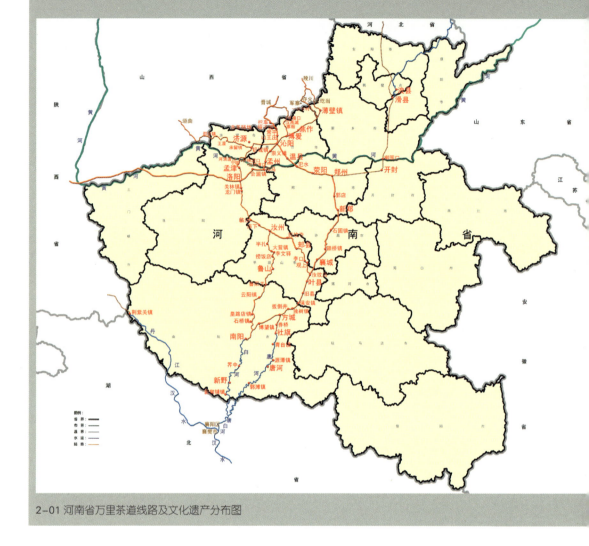

2-01 河南省万里茶道线路及文化遗产分布图

三　万里茶道河南段线路分布

　　河南境内的茶叶运输方式上有水路、陆路之分，运输路线上水路在南阳转陆路后呈多条路线向北、西北、东北辐射，不同时期路线也有所变化，各商家的运输路线也有所不同（图2-01）。为叙述方便，在路线上以黄河为界进行介绍。

（一）黄河以南路线

1. 白河线

这条路线先走水路，出湖北襄阳溯唐白河转白河船运入河南，沿白河自南向北逆水经新野县新甸铺镇、上港乡、沙堰镇、南阳市瓦店镇、黄台岗镇，入南阳市转陆路，骡马驮运或大车装运，走宛洛古道向北运输。宛洛古道有两条路线。

一是方城道，自南阳盆地东北较低垭口穿过，道路较平坦。方城县因地处南阳盆地东北缘，是南阳的北大门，伏牛山自西侧、桐柏山自东侧共同向盆地北边延伸，两山在盆地东北部交接，形成了罕见的平原垭口——方城垭口。它是南阳盆地北往中原的天然陆路通道，该道在明清时期是南阳通往洛阳的主要官道。方城道的线路为：出南阳市，经新店乡，方城县博望镇、赵河镇、清河乡、方城县城、独树镇，入平顶山市，经叶县保安镇、旧县乡、马庄回族乡、叶县县城、遵化店镇，郏县李口乡、堂街镇、郏县县城、渣园乡、薛店镇，汝州市纸坊乡、汝州县城、庙下乡、临汝镇，入洛阳市，经伊川县白沙乡、彭婆镇、洛阳市龙门镇、关林镇、洛阳市区，孟津县平乐镇、会盟镇，经孟津古渡口过黄河。另外，货物自南阳上岸后转陆路，出南阳至方城后，还有一条向北通往郑州方向的路线，后面郑州线的介绍中进行详述。

二是三鸦道，是南阳北上翻越伏牛山经南召、鲁山通向洛阳的著名古道，是宛洛间最近捷的通道。三鸦道线路为：出南阳市经蒲山镇、石桥镇，南召县皇路店镇、云阳镇、皇后乡，鲁山县熊背乡、瀼河乡、县城、张店乡、梁洼镇，平顶山市石龙区，宝丰县大营镇、前营乡，汝州市蟒川乡、王寨乡，至县城与上述方城道线路汇合，经汝州市庙下乡、临汝镇，入洛阳市，经伊川县白沙乡、彭婆镇、洛阳市龙门镇、关林镇、洛阳市区，孟津县平乐镇、会盟镇，经孟津古渡口过黄河。

三鸦道这条线路在焦作市发现的三通碑刻上有所记载，碑刻反映的是道教信徒记述祖师圣会和朝拜道教圣地"武当金顶"的有关情况，其中详细记录了朝拜时沿古官道行走的陆路路线及返回时先水路后陆路的路线，包括沿途各地之间的里程。

马村区待王玄帝行宫旧址所存，大清光绪十三年（1887年）所立的《六朝金顶碑记》载："……（时为黄河渡口的孟县北白坡口至）河南府五十，（河南府至）洛邑关爷冢五，龙门万佛山十二，白沙镇五十四，伊阳兴汤泉镇五十四，马川镇四十，入大莹镇四十，鲁山县六十，交口村四十，铁牛店二十五，南召县二十五，曹庄四十，槐树湾六十，南阳府六十五……"

恩村祖师庙所存，光绪十四年（1888年）三月十日所立的《金顶会碑记》载："……河南府五十，洛邑关爷冢十五，龙门万佛山十二，白沙镇五十四，伊阳县汤泉镇五十，蟒川镇四十八，大营镇四十，鲁山县六十，交口村四十，铁牛庙二十五，南召县六十，曹店四十，槐树湾六十，南阳府二十五……"

恩村祖师庙所存，光绪二十三年（1897年）孟夏之月所立的《金顶演戏酬神碑记》载："……河南府彭坡镇六十五，水寨、白沙镇、大安七十二，临汝镇、汤泉、杨楼、十字蟒川半札五十五，马大营镇、郭店、段店五十五，鲁山县四十五，交口、铁牛庙、南召县七十五，曹店六十五，抬头六十五，大石桥五十，南阳府孔明巷……"[1]

三通碑刻记录的路线和茶道所述的三鸦道相符，仅部分村镇地名有所变化，反映了这条线路当时作为官道及南北交通主干线的实际情况。

2. 唐河线

唐河线因其经过当时最为重要的水陆转运码头赊店镇，而成为万里茶道最主要的一条通道，也是省内外最为人知的一条线路。唐河线初始

1 韩长松等：《焦作地区发现的朝顶碑刻研究》，选自《焦作文博考古与研究》，郑州：中州古籍出版社，2008年。

为水路，出湖北襄阳溯唐白河转唐河船运入河南，沿唐河自南向北逆水经唐河县的苍台镇、郭滩镇、上屯镇、城关镇、源潭镇，社旗县的太和镇、青台镇，最后入社旗县城原赊店古镇后转陆路，经社旗县唐庄，方城县券桥乡，至方城县城与前述方城道汇合，经方城县独树镇，入平顶山市，经叶县保安镇、旧县乡、马庄回族乡、叶县县城、遵化店镇、郏县李口乡、堂街镇、郏县县城、渣园乡、薛店镇，汝州市纸坊乡、当州县城、庙下乡、临汝镇，入洛阳市，经伊川县白沙乡、彭婆镇，洛阳市龙门镇、关林镇、洛阳市区，孟津县平乐镇、会盟镇，经孟津古渡口过黄河。

　　3.丹江线

　　此条线路始为水运，出湖北襄阳沿丹江逆水船运至南阳市淅川县荆紫关，上岸转陆路运输，西北进入陕西（图2-02）。

　　4.郑州线

　　这是一条《行商遗要》上所记载的线路，茶商主要在清末及民国时

2-02 丹江线示意图

期使用较多，其南段与唐河线一致，水路出湖北襄阳溯唐白河转唐河船运入河南，沿唐河自南向北逆水经唐河县郭滩、源潭，入赊店古镇后转陆路，经社旗、方城县券桥、独树、叶县保安镇、旧县向北继续运输，经汝坟桥、襄县、颖桥、石固、新郑、郭店驿、郑州、荥阳，经汜水渡过黄河，然后经温县、郭村、邘邰，越太行经拦车直至泽州祁县。

这条线路在前文提到的焦作市发现的三通碑刻上也有所记载，主要反映返回时的路线，且碑文相同，均为"……（邓州至）南阳府一百二，博望镇六十，裕州六十六，板到井三十二，旧县六十，叶县三十，襄城县七十，石固六十，新郑县九十，郑州九十，东赵三十，荥泽口（黄河古渡口）五里，黄河北……"这条线路始走前文所述白河线之方城道，至裕州（方城）后沿郑州线向北行进。碑刻反映了茶道所经的郑州线当时作为官道及南北交通主干线的重要地位。

5. 洛阳向西线路

货物在洛阳沿丝绸之路向西往陕西、甘肃、新疆等地运输。

（二）黄河以北路线

自古豫冀两省向北向西越太行入晋必经的咽喉通道有 8 条，即"太行八陉"，也是晋冀豫三省边界山岭之间的重要军事关隘所在之地。河南有三陉，一是济源市的轵关陉，二是沁阳市的太行陉，三是辉县市的白陉。货物运输通道多经此三陉。另外，现焦作市修武县向北越太行入山西陵川的清沟道也是明清较为重要的一条通道。

1. 轵关道

轵关道即是经由"太行八陉"之轵关陉的一条通道。轵，战国时魏城，故址在今河南省济源市东的轵城镇。轵关道经由的轵关在济源市西十一华里处，关当孔道，因曰轵关。形势险峻，自古为用兵之地。轵关道的线路为：自洛阳孟津越黄河古河清渡口后，在济源市轵城镇越轵关，经承留镇、三官殿乡、王屋乡、邵原镇，沿西洋河入山西境的垣曲，然后向西北可通侯马、临汾及太原，向东通阳城、晋城。

2. 太行道

太行道即是经由"太行八陉"之太行陉的一条通道，在今河南省沁阳市西北三十五华里处晋城之南。河南北上太行，经太行关，又称天井关、雄定关，形势雄峻，素称天险。由此陉南下可直抵虎牢关，是逐鹿中原的要道之一。这条线路是茶路所经的主要通道，也是古官道所在。其线路为：越黄河古孟津渡后经孟州市、沁阳市，过古羊肠坂及碗子城进入山西省，经晋庙铺镇入古泽州（今晋城）。

3. 丹道

在今焦作市西北博爱县境内越太行入山西的一条通道，因初始线路沿丹河河谷行进而得名。其线路为：出沁阳向东北经博爱向北越太行，经张路口、柳树口至晋城。

4. 清沟道

清沟道在清代曾作为一条重要的通道存在，现存有大量石板路，还存有乾隆时期修路碑。其线路为：出沁阳经博爱县、焦作市、修武县，越太行入山西，经夺火、潞城入陵川，向北至长治。

5. 白陉道

白陉在河南省辉县市西五十华里处，据此陉可南渡黄河攻开封，东可向大名进击，北可窥安阳、邯郸，是个可攻可退可守的战略要地。

这条线路越黄河孟津古渡口后，经孟州市、沁阳市、博爱县、焦作市，进入辉县市，经薄壁镇越太行入山西，经马圪当、横水河、潞城入陵川，再向北至长治。另外，来自开封、新乡方向的客商多经由白陉道越太行而入山西。

6. 道口线

《行商遗要》中记载有自开封柳园口至道口的线路，道口当时为商业重镇，水陆交通要道，茶叶在道口一方面走陆路向北运往河北定州方向，一方面沿卫河向北水运至天津、通州。

7. 茅津渡线

　　《行商遗要》中记载有"赊镇发货走大西路底"线，即是自河南三门峡会兴镇茅津古渡越黄河至山西运城平陆、夏县及临汾高显的一条线路。

第三章

万里茶道河南段文化遗产

万里茶道河南段文化遗产调查与研究

一 南阳市万里茶道相关遗产

南阳古称宛，位于河南省西南部、豫鄂陕三省交界处，西、北、东三面环秦岭、伏牛山、桐柏山而形成内陆大型盆地地形，南部开口，汉水的支流丹江自西北向东南流过，唐河、白河自北向南入湖北合为唐白河汇入汉水。南阳因地处伏牛山以南，汉水以北而得名。

南阳历史悠久，是国家级历史文化名城，有 3000 多年的建城史，为中国楚汉文化的发源地，发生在这里的重大历史事件数不胜数。南阳因其独特的地理位置而一直是南北方冲突和交融的战略要地和交通枢纽，其北达京师，南通湖广，陆路驿道与水路码头相接，南船北马交替，山、陕、湖、广、闽等地商贾云集，商业、运输业兴旺，一直为豫西南的经济文化中心。遗留在这里的大量茶道相关的文化遗产彰显着南阳悠久而辉煌的历史（图 3-01）。

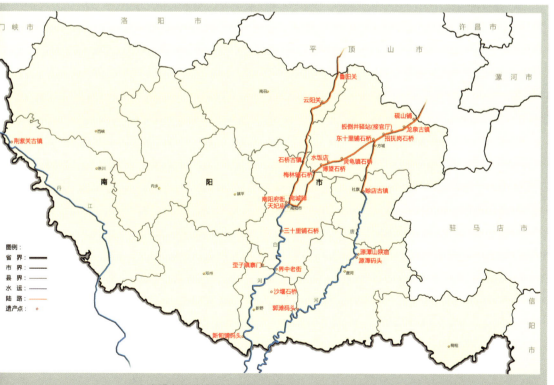

3-01 南阳市茶道线路及遗产分布图

3-02 唐河郭滩码头

（一）唐河县

1. 郭滩码头

郭滩镇北距唐河县城 30 余公里，南部与湖北省毗邻，唐河经由郭滩镇东向南流去。据历史记载，唐河"航路北通方城之赊旗，南达襄樊汉口，每日帆樯如织，往来不绝。云、贵之来京者，率由襄樊乘舟溯唐河北上，而北方货物之运往汉口者，亦顺唐河而下"。作为唐河航运的水陆码头之一，郭滩由此成为南阳到襄阳的商贾重镇。郭滩镇现仅存一码头遗迹（图 3-02），位于郭滩镇东唐河西岸，北纬 32°31′34.7″，东经 112°36′05.3″。此处河道宽约 80 米，由于水量逐渐减少及上游筑坝蓄水，平时近于断流，仅雨季水量略高。码头修于一河湾处，河堤高约 8 米，残存约 300 米长石质驳岸，码头坡道宽 3 米，河道至河堤顶自南向北平缓向上，坡道长 30 余米。码头现已废弃，河堤也已被当地居民开垦为上下错层的耕地，码头坡道为居民耕作时使用。

2. 源潭码头

源潭镇南距唐河县城 13 公里，是清代时期沿唐河水运贸易之路的商业重镇，是万里茶道上水陆转运的一处重要中转站。唐河水源出于方城北七峰山，最早沿河往来船只可经赊店而达上游的方城，在商业的竞争中，赊店人拦河修石桥一座，阻船上行，截留商队，后来方城人进行报复，破坏水源，致使水位下降，船只不能行至赊店，而使源潭一时成为水运的终点，客商在此上岸转陆路运输，出现了商业繁华的景象。《源潭镇志·水路》载："清代，源潭水运已相当发达。丰水季节，往来帆船 1000 余只，年运输量 20 余万吨。抗战时期，源潭成为唐河水运终点。"清同治光绪年间，源潭已形成唐河县内规模较大、数量较集中的码头群，沿唐河上可致赊店，下能达老河口、襄樊、武汉；抗战时期，专门从事码头装卸的工人就达 800 余人；1947 年前，源潭境内就有较大渡口 9 处，小码头更多。

源潭镇现存古码头两处，均位于镇西唐河东岸，相隔不远，北边的一处坐标为北纬 32° 46′ 32.3″，东经 112° 54′ 36.8″。此处河道宽约 60 米，

3-03 唐河源潭码头

河堤高约 10 米。码头在河东岸，现存有石阶梯自河边向上斜行，中间折而至堤岸顶，石阶宽约 2 米，现残存有 36 级（图 3-03）。

3. 源潭山陕会馆

源潭山陕会馆位于唐河县源潭镇唐河第二高级中学前院，北纬 32°46′32.7″，东经 112°54′55.4″。山陕会馆亦称山陕庙、关帝庙，院内存有上阴刻"山陕庙"石匾额一块。山陕会馆创建于清雍正九年（1731 年），乾隆七年（1742 年）重修，占地 5000 平方米，坐北向南，现仅存大殿、配殿、东厢房和两根铁旗杆，为河南省文物保护单位。

铁旗杆位于院落最前部，东西各一，为生铁铸成，六棱柱形，高 17 米，底座为铁狮一尊（图 3-04），背驮旗杆，昂首瞪目，面容狰狞，铁狮内侧雕牵狮人，为胡人形象，戴尖顶卷边小帽，身着对襟衫，卷眉，瞪目，上唇留卷须，下巴蓄山羊胡，一手牵狮，一手执锤，叉足威立。杆身分为七节，自下而上分别铸出仰覆莲、双童爬杆、蟠龙腾空、童子抱杆、仰斗、铜质宝盖、宝珠等。西铁旗杆铸铭文"大清乾隆岁次辛丑（1781年）菊月（农历九月）初一吉立陕西同州府韩城县金火匠人薛大银薛彦

3-04 唐河源潭山陕会馆铁旗杆狮座

魁造"，东铁旗杆铸铭文"陕西同州府韩城县木厂弟子正兴金升兴盛万利永兴永盛世兴增盛长发聚盛大川号公立"。乾隆五十三年（1788年）重接铁旗杆。

大殿是现存院落中轴线上最后一座建筑（图3-05），为建筑群的主体建筑。大殿修筑于台基上，坐北面南，为悬山式建筑，砖木结构，灰筒板瓦顶，两层，面阔三间，进深两间。一层檐前出抱厦，设月梁及罗锅椽，灰瓦顶，琉璃正脊，雕饰荷花及卷草纹。一层檐下置五踩双下昂斗栱，并均出45°斜昂，昂嘴雕刻成花瓣状，柱头自上而下设平板枋、额垫板、穿插枋、大额枋、雀替五大件，多有雕刻。大额枋均做高浮雕，明间雕刻二龙戏珠，满布云纹；次间雕刻凤戏牡丹，满雕花卉。一层木构架设平梁，上承楞木及楼板，大殿两侧与配殿之间建有楼梯间，登木楼梯可至二层。二层木构架为抬梁式，六步架，七架梁上承五架梁及三架梁，带前廊，前檐柱及后檐墙承重，檐下用三踩单昂斗栱，出斜昂，老檐柱间装隔扇门。柱头上置额枋及平板枋，其上有高浮雕花卉图案。屋顶为灰筒板瓦顶，琉璃正脊及垂脊，正脊脊筒雕饰龙纹，两端为吻兽，

3-05 唐河源潭山陕会馆大殿

正中设吉星楼，吞兽底座，总高近 2 米，重檐歇山式，中间两立柱上书"□帅一殿安天下，打神钢鞭定太平"，其建筑形式较为少见。吉星楼两边的正脊上还饰有狮子宝瓶和八仙。垂脊均雕饰花脊，设垂兽，兽前有小跑及仙人。

东西配殿位于大殿左右两侧，面阔三间，进深两间，为单檐硬山式建筑，两层。与大殿之间设有楼梯间，登木梯可至大殿及配殿二层。一层木构架设平梁，上承楞木及楼板，二层木构架为抬梁式，五架梁上承三架梁。琉璃脊饰，正脊两侧为吻兽，正中置狮子宝瓶。东配殿脊檩枋尚存有"大清道光二十四年……"题记。

配殿东侧是东厢房，两栋相连，各三间，坐东朝西，硬山式建筑，灰瓦顶，风火山墙，叠瓦脊，干槎瓦屋面。脊檩枋下有"道光十八年四月十六日庚子丑时东厢房竖柱上梁"题记。

源潭山陕会馆时代早于社旗县山陕会馆，为研究清代水陆转运码头的兴衰变迁及晋陕商人在河南的活动轨迹与商业线路提供了翔实的资料和证据。

（二）社旗县

1. 赊店古镇

赊店是中国四大商业贸易名镇之一，位于豫西南地区南阳盆地东北部，北依伏牛山脉，汉水支流唐河自北向南过境。赊店历史悠久，文化灿烂。明清时期，赊店借环镇之潘、赵河交汇唐河入汉水，直达长江，因水运之便，商业贸易随之兴盛，成为北通汴洛之动脉，南达襄汉之津渡，东衢闽越之喉塞，西连山陕之要道。南船北马，总集百货，豫南重镇应运而生。

据清光绪三十年（1904 年）《南阳县志》记载："淯水以东，唐泌之间，赊店亦豫南巨镇也……咸丰兴榷关，其市岁税常巨万……在县东北九十里……地濒赭水，北走汴洛，南船北马，总集百货，尤多秦晋盐茶大贾。"另据《南阳府志》记载："斯镇居荆襄上游，为中原咽喉……南来舟楫，从襄阳至唐河、赊旗、方城，或从赊旗复陆行方城至开封、洛阳，是南北九省商品集散地。"为此，全国各省商贾云集赊店，南下借潘河、赵河、唐河、汉水、长江水路之优，北上乘方城、洛阳、晋城、太原、张家口官商道之便，利用赊店水陆分界线和货运中转枢纽，纵横天下，驰骋商场。当时赊店已形成占地1.95平方公里、72条商业街和36条胡同的商业重镇格局（图3-06），分行划市，相聚经营，是我国较早的专业化市场类型。鼎盛时期，镇内常住和流动人口多达13万余，十余家茶行生意兴隆，八家票号汇通天下，广盛镖局行遍全国。在此聚居经营的十六省商人建造的叙乡谊、通商情的同乡会馆就有山陕会馆、湖北会馆、湖南会馆、广东会馆、江西会馆、福建会馆、直隶会馆等十余座。因其中山陕商人居多，实力雄厚，山陕会馆建造得富丽堂

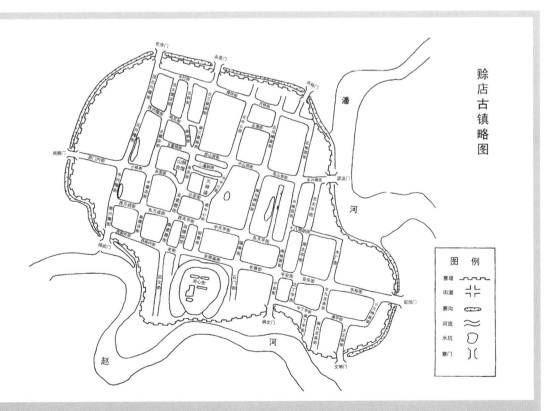

3-06 社旗赊店古镇略图

皇，宏伟壮观，被誉以"辉煌壮丽，天下第一"的美称。作为当时中原地区的商贸名镇之一，赊店被英国学者贝思飞称为"当时中国最富有的商业贸易中心之一"。

如今在赊店还有格局保存较好的古街十余条，特别是山陕会馆前的瓷器街保存最为完整（图3-07），街长300余米，青石板路、票号、厘金局、镖局、会馆、茶号、商铺等沿街排开，或三间或五间，高低起伏，错落有致，向内多为两进或三进院落，前商后宅，布局合理，是河南省少量格局保存较为完整的古街区之一。另外，还保存有明清时期古码头一处，城北约2公里的潘河上建于清代的大石桥一座，周边数十里内的桥头山陕会馆遗址、青台山陕会馆遗址、饶良山陕会馆遗址、源潭山陕会馆等都说明了赊店作为历史上水陆运输分界线的重要地位。民间有"天下店，数赊店"、"金汉口、银赊店"、"填不满的北舞渡，拉不完的赊店镇"等美誉。清朝，号称山西"外贸世家"在恰克图开设"四

3-07 社旗瓷器街

大玉"的榆次常氏家族，与俄罗斯贸易的茶叶全是经过赊店运往恰克图的，常氏家族享誉中外的玉字号"大德玉、大泉玉、大升玉"在赊店都有分号。据民国十二年《重兴山陕会馆碑记》记载：大德玉、大泉玉、大升玉为重兴山陕会馆各捐银50两，同时盒茶社捐银4500两，蒲茶社捐银260两，兴隆茂茶店捐银50两等。据《茶叶杂咏》一书记载："清初茶叶均由西客经营，由江西转运河南，再销关外，西客者，山西商人也。"就是说当时山西商人由江西河口（今江西铅山县）走水路运至河南赊店，再转运走旱路运往关外。历史上赊店以晋商为主的经营茶叶客商之多、经营数量之大、经营财力之强、购销范围之广是无与伦比的，赊店贯通南北、连接境内外的重要中转作用是不可替代的，从而奠定了赊店万里茶道水陆转运交通枢纽的地位。

2. 山陕会馆

山陕会馆位于社旗县城内西部，北纬33°03′26.5″，东经112°56′23.5″。坐北朝南，中轴方向略偏西，南对整体格局及古建筑群保存完好的瓷器街。会馆东西宽62米，南北长152.5米，总面积近万平方米，各式建筑20余座。整组建筑布局严谨，排列有序，装饰精美，为国内罕见的具有重要历史、科学、艺术价值的古建筑群，现为全国重点文物保护单位（图3-08）。

据载，明万历四十年（1612年），山西解州商人已在此活动，以后相继在潘赵二河交汇处建造关帝庙，是为山陕会馆的前身。随着经济的日渐繁荣，山陕商人在清乾隆年间将老庙迁至现址，大兴土木，建起山陕会馆。山陕商贾巧借汉光武帝刘秀于此地赊旗拜将、起师讨莽的传说，托敬山西籍汉室忠臣、武圣及财神关羽，以馆为庙，故民间又称山陕庙。会馆内的建筑主要由两次大的营建活动所成。第一次始于清乾隆年间，首创主体建筑春秋楼，竣工于清乾隆四十七年（1782年），建造活动一直延续至道光年间（1821~1850年）方初具规模。清咸丰七年（1857年）建筑群被捻军烧毁后半部，现存悬鉴楼、东西辕门、东西马棚、琉璃照

3-08 社旗山陕会馆

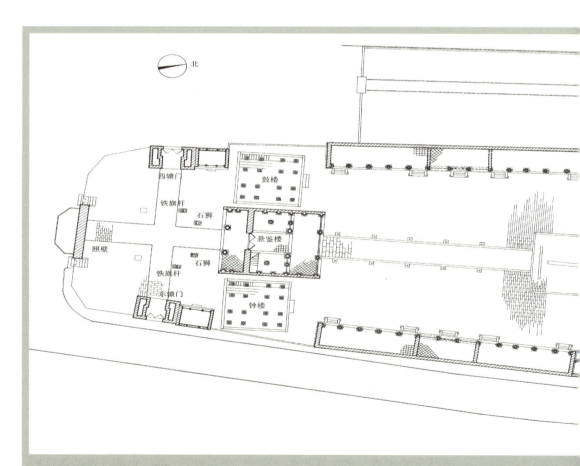

3-09 社旗山陕会馆平面示意图

壁、铁旗杆、双石狮即为当时所成之物。第二次营建始于清同治八年（1869年），终于清光绪十八年（1892年），建造了今日所见之大拜殿、大座殿、药王殿、马王殿、东西廊房及腰楼等建筑。道坊院的建筑规制不同于大拜殿、大座殿等神殿群，或当为另行设计、施工。钟鼓二楼风格自成，但多仿悬鉴楼造形，疑其为两次营建活动间所构。

现存会馆分主院、西跨院两部分（图3-09）。主体建筑位于主院区中轴线上，建筑分三进院落布置，以中院为最大。自前而后依次为琉璃照壁、悬鉴楼及两侧钟鼓二楼、大拜殿、大座殿及两侧药王殿与马王殿。悬鉴楼前设铁旗杆、双石狮，东西两侧为东西辕门及马棚。悬鉴楼与大拜殿间设东西廊房及东西腰楼。大座殿后春秋楼今仅存基址。西跨

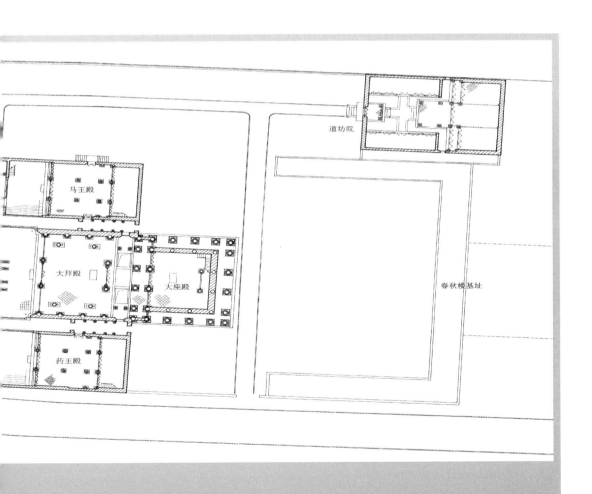

院自南而北原有四进院落，今仅存最北之道坊院，由门楼、凉亭、接官厅及东西厢房组成。

琉璃照壁：位于会馆中轴线最南端，面阔10米、厚1.5米、高8.8米。照壁下为雕饰华丽的石须弥座，其上为高浮雕琉璃壁面，北侧壁身雕饰二龙戏珠、狮子滚绣球、麒麟海水及福寿图案，南侧壁身图案繁杂多样，有盘龙纹、花纹、卷草纹、福字纹等。照壁顶为仿木结构，硬山式，绿琉璃瓦顶，檐下雕斗拱，正脊置吻兽及狮子宝瓶（图3-10）。

悬鉴楼：亦称舞楼，是会馆的主要建筑之一，三层，高20余米，面阔三间，进深三间。建筑整体分为两个部分，南部为门楼（图3-11），前檐带硬山式外廊，绿琉璃屋面，黄琉璃菱芯，檐柱之上施五踩单拱重昂斗拱，构架为四架梁承月梁及罗锅橡。过前廊后进入建筑主体部分，三层结构，一层为进入会馆的通道，构架为平梁承楞木及楼板，南面设板门三间，二层空间高大，为后檐戏台的活动及更衣区，构架为平梁承楞木及楼板，前檐带围脊及屋面，檐柱支于其下方前廊梁架之上，檐柱

3-10 社旗山陕会馆照壁

3-11 社旗山陕会馆悬鉴楼南面

之上施五踩单栱重翘斗栱，绿琉璃屋面，黄琉璃菱芯，与其上屋顶呈重檐歇山式样，三层构架为五架梁带前后双步梁，双步梁下柱子支于其下方前檐抱头梁及后檐戏楼梁架之上，檐柱上施五踩单栱重翘斗栱，斗栱外拽撩檐部位上置三踩单拱单昂斗栱，屋顶为歇山式，绿琉璃屋面，黄琉璃菱芯，脊饰为龙纹，两端置吻兽，正中饰吉星楼。悬鉴楼北部为戏楼（图3-12），两层，构架为五架梁承三架梁及屋面，一层为进入会馆的通道，二层为戏台，重檐歇山式，正脊两端饰吻兽，正中置宝瓶，柱头施五踩双下昂单栱造斗栱，二层檐下挂"悬鉴楼"匾，明间南部屏风上部悬"既和且平"匾。两次间屋顶作卷棚式。舞台上两次间屏风作八字形布置，雕历史故事，上覆木雕斗栱及屋顶。屏风内侧为演员出入之门。后台空阔，西部设木梯通达三层。悬鉴楼屋顶正脊两端置正吻，正中置吉星楼，正吻与吉星楼之间置麒麟宝瓶，脊筒雕饰龙凤纹。垂脊脊筒雕饰缠枝牡丹。整个建筑琉璃雕饰华丽优美，艺术水平高超。悬鉴楼的各层额枋、雀替高浮雕加透雕，内容有神话故事、龙、牡丹、山水

3-12 社旗会馆悬鉴楼北立面

及动物等，为山陕会馆木雕之杰作。

　　大拜殿：位于会馆中轴线后部，南与悬鉴楼遥相对应，北侧紧连大座殿。大拜殿为单檐歇山式建筑，卷棚顶，面阔三间，进深三间，是信徒参拜大座殿内关羽神像及商贾聚会议事之处。殿前有宽阔月台，设栏板望柱围护，柱头雕刻形象各异的狮子，地面为黑白相间的石板铺墁，月台东西两边各设一处踏道，南边在正中及两侧共设三处踏道，中间踏道为雕刻云龙图案的御路石。月台前面对应三处踏道各立石坊一座，中间石坊为四柱三间，两侧为两柱单间，坊体遍刻神仙、人物、龙凤、花草等图案。大拜殿台基略高于月台，东西两端立石雕八字墙，分别雕刻"十八学士登瀛洲"和"渔樵耕读"图案。台基地坪以黑白相间方石铺墁，后部正中镶拜石一方。石柱础雕刻精美，尤其是殿内四金柱，以整块巨石雕作雌雄麒麟和狮子，形态生动。斗栱为五踩重昂单栱造，正心无檩，外拽设挑檐檩。大木构架为十架梁上承六架梁、四架梁及月梁，带前后檐单步梁，瓜柱设驼墩扶持。额枋、雀替均有保存完整的精美木雕，前、后檐柱柱头附泥塑兽面。后檐平板枋出头部位及斗栱攒档内饰彩色人物、动物悬塑。屋面为卷棚歇山式，绿琉璃筒板瓦顶，垂脊内侧雕饰龙穿牡丹图案，外侧雕饰缠枝牡丹图案（图3-13）。

大座殿：位于大拜殿之后，两殿之间东西两侧有东、西亭门及东、西铜池，两殿檐部以勾连搭形式相连，檐口间设天沟，雨水经天沟泄至亭顶后流入铜池内，排至殿外东西侧。大座殿是会馆最高的建筑，也是中轴线上现存最后一座殿宇，重檐歇山式，两层，通高20余米，绿琉璃瓦顶，黄琉璃菱芯。底层面阔五间，进深五间，回廊周匝，殿内供奉关羽坐像，西北角设楼梯通至二层。二层面阔三间，进深三间，构架为七架梁承五架梁、三架梁及屋面木基层，脊檩下设叉手，梁架间置隔架科。

3-13 社旗山陕会馆大拜殿

大座殿两层檐下斗栱均为五踩单栱造，正心无檩，外拽设挑檐檩。该殿外廊额枋、雀替上雕刻精美的人物故事和动植物图案。屋顶正脊雕饰精美，正面为行龙，背面为凤凰牡丹，两端置吻，正中置吉星楼，吉星楼两侧设麒麟及白象宝瓶，垂脊、岔脊均饰缠枝牡丹图案，四翼角置仙人、走兽。

道坊院：位于山陕会馆附院的北部，由垂花门、厢房、凉亭及接官厅组成。垂花门为道坊院的正门，正面为墙体，墙身辟门洞，门楣上部镶一砖雕匾额，上刻"掖垣"二字。厢房东西各一，相向而立，建筑南山墙为悬山式，北山墙作硬山式，灰瓦顶，面阔五间，进深一间，明间为格扇门，两次间为格扇窗。凉亭位于道坊院中心稍北，与其后的接官厅作勾连搭形式相连，凉亭置四柱，卷棚歇山式，灰瓦顶，绿琉璃剪边，平面呈长方形，东西向较长，四周通透，柱头间有雕刻华丽的额枋、雀替，檐下斗栱为五踩单栱造。接官厅为硬山式建筑，面阔三间，进深一间，前檐明次间设格扇门。

山陕会馆建于清代繁华城镇内，其用地受城镇布局影响，东西狭窄，南北较长，设计者充分结合各组建筑功能，因地制宜，巧妙规划，形成了狭而不促、闭而不塞、庄严恢宏的艺术效果。山陕会馆的建筑形象丰富多变，采用了多样化的单体建筑形象和屋顶组合手法，构造灵活多变，具有民间地方建筑特征。山陕会馆建筑艺术博大精深，集宫殿、商馆、民居建筑艺术之精粹，特别是其建筑装饰，如木雕、石雕、砖雕、琉璃、彩画等，技术娴熟，工艺精巧，内容丰富，为中国建筑遗产中的经典之作[1]。

1 河南省古代建筑保护研究所、社旗县文化局：《社旗山陕会馆》，北京：文物出版社，1999 年。

3. 福建会馆

福建会馆是清嘉庆元年（1796年）福建商人集资兴建，位于瓷器街南端，坐西向东，占地2000余平方米，两进院落，整体建筑呈日字形对称布局，建筑均为两层。临街楼五间（图3-14），下层正中为过厅，正面檐下悬一匾额，书"福建会馆"四字。一进院南北两侧各有厢房两座，均为三间。一进院与二进院之间为门楼（图3-15），二进院正中为五间主楼，楼下供妈祖、关帝牌位，二楼为会馆同乡公议之所，主楼前对称建厢房各三间。

福建会馆是福建同乡的聚会场所，集茶楼、饭庄、旅馆为一体，后虽历经战乱，会馆受到一定破坏，但建筑格局保存完好，经维修后仍能表现出当时的规模与形制，是福建商人在豫经商及豫闽商人之间友谊的实物例证。

4. 蔚盛长票号

蔚盛长票号位于社旗县南瓷器街路西，面积800多平方米。票号共有三进院落，沿瓷器街门面房是柜房（图3-16），对外营业，檐下悬"蔚

3-14 社旗福建会馆

3-15 社旗福建会馆院内

3-16 社旗蔚盛长票号

盛长"三字匾。一进院设信房、账房、学徒房等；二进院设大掌柜房、二掌柜房、三掌柜房；三进院有厨房、公议厅等设施（图3-17）。

　　1823年，中国第一家专营存款、放款、汇兑业务的日升昌票号在山西平遥西大街上开办。时间不长，日升昌的分号就发展到35处之多，遍布全国商埠重镇。日升昌日益红火，但一件偶然的事，打断了它正常发展的轨道，也在一定程度上改变了山西票号发展史。事情的起因是日升昌大掌柜雷履泰病了，按规矩，生意该交给二掌柜毛鸿翙打理，雷履泰不放权，毛鸿翙当家而不能做主。两人争权导致毛鸿翙出走，并受聘于山西介休人侯荫昌，他开启了侯家的票号生意，将其一家绸布庄改成票号，名为"蔚泰厚"，号址就设在日升昌隔壁。此后一年多的时间里，在毛鸿翙调度下，将侯荫昌旗下另外四家绸布庄"蔚丰厚、蔚盛长、新泰厚、天成享"全改成了票号，总号设在平遥城。五家票号声势相通，左右应和，成为大名鼎鼎的蔚字五联号，其实力规模在山西票号中最大，

3-17 社旗蔚盛长票号院内

在全国各地共开设有百余家分号，业务伸展到各个角落。蔚盛长票号创建于清道光六年（1826年），创建当年，就在赊旗店设立了中原有史以来第一家票号，当年主营汇兑、存贷款和代办捐项，也发放银票，服务对象是当地工商铺户，也承汇政府业务。蔚盛长票号最初资本十二万两，后来发展到十六万两，至民国歇业时有资本二十四万两。赊店的这家蔚盛长，守信重诺，信誉极佳。据地方史料记载，清咸丰七年(1857年)，捻军攻陷赊旗店，许多商家准备逃难，拿银票涌向蔚盛长要求兑现。蔚盛长在自身遭受大损失的情况下，克服困难调集资金兑付，蔚盛长的诚信美德被赊旗店商人传为佳话。

蔚盛长票号沿袭山西总号设置，设大掌柜、二掌柜、三掌柜各一人。票号要害部门为账房，设账房主管一人，司账二至五人，分管会计、出纳之事。票号还设负责文件的文牍先生一人、誉写信件录信员两人，负责上市接洽、办理存放款等业务的正、副跑街一至三人，还有负责管理门市部的坐堂掌柜一人，学徒若干。山西票号经营上实行总号集权制，资本统一存放在总号，获利归总号，以总号为中心，各地分号相互间"酌盈济虚，抽疲转快"。各分号常向总号汇报，各分号要互报信息。各分号每月"月清"，年终"总结账"，向总号报告每月及全年营业状况。票号工作高福利，但要求也高。以文牍先生为例，蔚盛长文牍先生要求中过科举，仪表、气质俱佳。他工资很高，年薪最高拿到四百五十两白银，当时县令年薪才几十两。赊旗店老百姓中曾流传"家有万贯财，不如票号当个差"。

因赊旗店地处水陆码头、九州通衢，商业经济繁华，造就了古赊旗店票号业繁盛。赊旗店当时有500多家山西商人经商，蔚盛长票号开办后，有实力的商人份份效仿，广州商人在福寿街开办了广顺生票号，自有资金十万两白银，山陕商人则先后开办了福临协、蔚盛厚、泰临协、万盛镒、荣盛大、天顺长等票号，它们和蔚盛长一道，把持了当地银行业。修造山陕会馆时，蔚盛长捐银二百二十两，蔚盛厚捐银四十五两，荣盛大捐银七十两，天顺长捐银五十两，泰临协捐银一百五十两，万盛镒捐一百两，众票帮捐银五百两整，显示了票号业的实力。赊旗店的衰落，原因有多种。京汉铁路开通夺水运之优势，山陕商人南下西还，抽去支撑赊旗店繁华的骨架，再加上兵匪祸患，民国初年，13万人口的商业重镇，剩下不足万人，票号业逐步走向衰亡。蔚盛长票号因为放款收不回来，于1916年倒闭。其余几家票号，也差不多在同一时期消失了。

5. 广盛镖局

明末清初，特别是清康乾时期，随着商品经济的发展，封建王朝腐朽的垄断专制制度被逐渐冲破，平民百姓初步获得了经商贸易的自由。然而，由于当时社会秩序较乱，盗匪抢劫事件时有发生，民间的商品往来迫切需要有一种外在的保护力量，于是镖局这一行当得以盛行。康熙雍正时期是中国镖局的定型期，道光至同治时期是镖局发展的黄金时期。

据统计，当时全国著名镖局多达36家，拥有镖师千余人，广盛镖局即是全国最著名的十大镖局之一，其镖头戴二闾是全国著名的十大镖师之一，被武林尊为心意大师、华北三杰之一。清后期，随着票号的盛行，银两的携带转变为银票，镖局的业务紧缩，变为单纯的货物押运。清末至民国初年，随着公路、铁路的开通，镖局完成了历史使命，从而退出了历史舞台。广盛镖局由山西祁县人戴二闾创立，清嘉庆七年（1802年）开业，咸丰四年（1854年）歇业，历时52年。

赊店广盛镖局位于瓷器街北端路西，总面积860平方米，由前院、后院、侧跨院组成。沿街门面房为镖局门户，上悬有"广盛镖局"的匾额（图3-18）。院内设会客厅、签押房、仓房、镖头居室、镖师居室、练武扬等，是赊店当时最著名的所在之一（图3-19）。

6. 厘金局

厘金局位于社旗瓷器街中段路西，现为河南省文物保护单位。

清咸丰三年（1853年），为镇压太平军，在扬州仙女庙等地设卡筹款，以济军饷，对过卡货物值百抽一，谓之厘金。厘金分两种，一为行

3-18 社旗广盛镖局

3-19 社旗广盛镖局院内

厘，一为座厘，前者为通过税性质，取于行商，后者为交易税性质，取于坐商。税率由开始值百抽一，后增到值百抽三。起初仅就米征收，后由军饷所迫，所有过往货物都要捐税，故又称百货厘金。咸丰四年（1854年），清政府为增加收入、巩固统治，把临时的"厘金"改为正式制度，皇帝发令各地成立厘金公局。

河南厘金局始建于咸丰八年（1858年），同年十月在赊店试办厘金，咸丰十年在赊店设厘金局，是河南最早推行厘金制的地方之一。赊店厘金局直属河南省巡抚，厘金总局的官员为三品道台衔，南阳府则指派赊店镇镇衙协助厘金局"理事"。由于厘金系各省自办，中央不予干涉，故厘金机构由各省巡抚把持，且都用承包制，年有定额，余额可自由处理，不足则要赔垫，所以各地官员都把厘金作为自己搜刮民脂民膏的工具，老百姓深受其苦。到了民国年间，赊店厘金局改称"南（阳）泌（阳）方（城）统税征收局"，岁收额为银洋170000元。1931年1月1日，国民政府取消了厘金制度，改征统税和营业税，厘金局自此失去原有作用。

赊店厘金局占地3000多平方米，临街而建，坐西朝东，建筑面积1139平方米。建筑均为单檐硬山式，抬梁式构架。整个建筑群布局完整，单体建筑保存较好。庭院为两进院落，日字形布局，临街为三间两层楼房（图3-20），檐下置"厘金局"匾额，一进院两侧厢房各五间，正房三间，檐下置"明德堂"匾额（图3-21）。二进院同设正房及两侧厢房。院内为砖铺甬道。厘金局机构设置有总管委委员会、文牍处、会计处、庶务处、书记处、稽查处、监印处、开票处、队长巡士处等，虽经百年的风雨沧桑，其旧貌犹存。

7. 大升玉茶庄

晋商山西榆次常万达开拓俄罗斯恰克图茶叶贸易后，逐步开了二十家商号，即"十大德"和"十大玉"，主营茶叶。茶路重要地点均设有"十大玉"分号，赊店镇独设三家，而保存至今的仅有大升玉茶庄。茶

3-20 社旗厘金局

3-21 社旗厘金局院内

庄位于瓷器街中段，坐东向西，两进院落，日字形布局。临街楼五间（图3-22），正面檐下悬"大升玉茶庄"匾额。一进院两侧厢房各五间，正房三间，檐下置"集贤堂"匾额（图3-23）。二进院同设正房及两侧厢房，正房檐下置"诚则灵"匾额。

　　大升玉茶庄是晋商在豫进行茶叶贸易活动的最直接的实物例证，具

3-22 社旗大升玉茶社立面

3-23 社旗大升玉茶社院内

有重要的历史价值、文化价值和社会价值。

　　8. 古码头

　　赊店镇假水运之优势，南船北马，总集百货。为满足众多商船停泊需要，在赵河北岸依自然之势设青砖铺就的下货台及向岸上运货的石台阶，形成了大小商船可以方便出入的码头。北方陆路运来的皮革、特产在此登船南下，南方水路运来的丝绸、茶叶在此下货北上，逐渐成为"九省十三衙"的通商大码头，沿码头先后形成了启文街、老街、关帝庙街和石门街等众多街道，古码头成为赊店商业鼎盛时期的第一象征。现在这些古码头多已毁坏，仅在水门内尚存一处码头遗址，但外观已遭破坏，后人在其上筑有民房。

9.古城墙

赊店镇历史上曾多次遭到攻陷，清咸丰七年（1857年），镇内的士绅权贵利用民资民力筹备筑寨，定寨名为"赊旗镇安全寨"，推举富绅戴广兴为主持人。因后河南侧施工难度大，进展慢，咸丰八年（1858年）春寨墙工程尚未完工，但获悉捻军要转战赊店，主持人果断采取措施，利用本镇木市场街卖木材的商户从南方运来的杉木杆筑成木寨，堵着未完工的缺口，被后人称为"木寨口"。赊店古城墙周长约8公里（图3-24），高三丈五，墙基厚二丈五，顶宽一丈二，现存墙体为黄土分层夯实所筑，原内外表层用特制烧成的每块约18斤重的大砖（砖面一侧铭刻"赊旗

3-24 社旗古城墙

镇安全寨")砌筑，现水门口寨墙右侧依然可见百余米长青砖所筑的一段城墙根基。寨墙外围原有三丈宽、丈五深的壕沟护城。

10. 北大石桥

北大石桥位于赊店镇北 1 公里处的潘河之上，北纬 33° 04′ 18.6″，东经 112° 56′ 33.2″。整座大桥由巨大青石构建而成。据记载，此桥建于清同治六年（1867 年），南北走向，为方孔平梁石桥，桥长 50 余米、宽 6 米、高 2.5 米，共 24 墩、25 孔，桥底宽 14 米，均以青石板平铺，石板间镶铁质银锭扣牵拉。石桥上雕有蛟龙头和蛟龙尾。北大石桥修成后，成为方枣（方城、唐河、枣阳）北上南下的必经之路，也是茶商在赊店水路运输上岸转陆路后向北运销的必经之路（图 3-25）。

（三）方城县

1. 梅林铺石桥

梅林铺石桥位于方城县博望镇梅林铺行政村梅林铺自然村，北纬 33° 08′ 28.2″，东经 112° 40′ 52.8″，建于清代，为单孔拱券式石桥，东北西南向，

3-25 社旗北大石桥

长 12 米、高 4.3 米、宽 5.9 米，内拱高 4 米、拱跨 4.3 米，现仍在使用。桥主体保存较好，建桥时使用了汉画像石砌筑。桥面石板无存（图 3-26）。

2. 博望石桥

博望石桥位于方城县博望镇博望行政村，北纬 33°10′05.0″，东经 112°43′17.9″。始建于唐代，又叫敬德桥，相传始为唐尉迟将军敬德监造，后历经重修。石桥为三孔券桥，长 48 米、宽 6 米，中间拱券高 4.7 米、

3-26 方城梅林铺石桥

3-27 方城博望石桥

跨度 4.5 米，两侧拱券高 4.5 米，两桥墩出分水尖，桥体使用大量汉画像石筑砌。1988 年修筑青石桥栏，望柱高 1.32 米，0.18 米见方，栏板长 1.4 米、高 0.68 米、厚 0.11 米，刻 34 幅仿汉画《张骞出使西域图》。桥西南侧，立"汉故博望侯张骞封邑碑"。敬德桥坐落于白条河上，是古道"夏路"的必经之路，至今仍畅通无阻（图 3-27）。

3. 水饭店石桥

水饭店石桥位于方城县博望镇水饭店行政村水饭店自然村，北纬 33°10′33.0″，东经 112°45′00.4″。为双孔抬梁式石桥，东西向，长 15 米、宽 4.2 米、孔距 1.5 米。桥建于清代，后多次重修，桥墩及桥面使用大量汉画像墓石，桥面石板厚 0.2 米，石板间镶银锭扣铁榫卯接（图 3-28）。

4. 十里铺石桥

十里铺石桥位于方城县杨集乡大官庄行政村十里铺自然村，北纬 33°17′08.4″，东经 113°01′54.1″。始建于明代，清复修，为单孔石桥，长 10 米、宽 4.5 米，拱高 2.7 米、跨度 3 米。桥面为 18 块石条铺砌而成，石条间有铁榫钉连接加固。桥面两侧立高 0.5 米的石栏板，桥体迎水面镶石雕龙头，另一面镶石雕龙尾。该桥为宛洛古道上众多桥梁中的一座，

3-28 方城水饭店石桥

保存较好，桥面存有长期使用形成的车辙印，现仍在使用。

5. 招扶岗石桥

招扶岗石桥位于方城县独树镇招扶岗行政村，北纬 33°18′32.5″，东经 113°03′49.0″。从现存桥体构件看应为明代建筑。该桥原为三孔抬梁式平桥，因不能满足雨季泄洪需要，后人又在桥东头添建一孔。桥体上下全系石条垒砌，桥墩由七层石条组成，迎水方向筑有分水尖。桥面由上纵下横两层各50块石条交错垒砌而成，两侧后设有栏杆（图3-29）。

6. 扳倒井光武庙与接官厅（扳倒井驿站）

光武庙与接官厅位于方城县城北约20公里的独树镇西扳倒井行政村，北纬 33°19′14.2″，东经 113°07′05.5″。光武庙始建年代不详，据传东汉光武帝刘秀于建武三年（27年）讨邓奉、董䜣至此，扳石得泉，后人为纪念他，建立此庙。明嘉靖十八年（1539年），世宗朱厚熜曾遣驸马邬景和致祭光武帝。明清相继重修。光武庙坐北朝南，现存山门、光武殿、道房院、住持房、膳房等。附属文物有：古井、井亭、方池、石碑及古柏、银杏、玉兰、绣球等名贵花卉和树木。山门面阔三间，单

3-29 方城招扶岗石桥

檐硬山式，小灰瓦顶，南北相通。过门20余米即达光武殿，面阔三间，进深三间，单檐硬山式建筑，绿琉璃瓦顶。光武殿东侧为道房院、膳房、住持房，皆为单檐硬山式，小灰瓦顶。光武庙南10米处存有古井两眼，并建有井亭，井水面距地表1米，井水从石龙口中常年流出。光武庙虽历经沧桑，但主体建筑群仍较完整，并保存有明清石碑数通。

光武庙东侧紧临接官厅，即扳倒井驿站，现存玉照堂（图3-30），面阔四间，12米，进深两间，6米，单檐硬山式建筑，灰瓦顶，堂前为十米见方的浣池（图3-31），青石雕栏。此院落始建年代不详，明清时期最盛，建馆驿，称之为玉照堂，并经多次整修，清道光年间被辟为接官厅。历代官吏、文人墨客游历至此，广留诗词，于谦、林则徐、傅寿彤、顾嘉衡等先后驻足于此，留下了不少脍炙人口的诗章。玉照堂墙壁上尚存有题记碑刻，其中有清钱塘文人许乃普题诗云："风雪驱车行路难，停辎喜得一宵安。道人不识征人苦，笑祝梅花待客看。堂开玉照鉴方塘，竹修便娟树老苍。门外井泉清可掬，居民犹自说萧王。"玉兰、

3-30 方城扳倒井驿站玉照堂

3-31 方城扳倒井驿站方池

牡丹、绣球，为玉照堂院内花木极品，据传为清代宦官李莲英所植。清诗人濮文进在玉照堂写下《玉兰花》诗："玉照堂游十二回，一枝难得向人开。眼中绝色诸尘净，意外春风破例来。月落花天仍不夜，雪晴香海又成堆。吟鞭笑指匆匆甚，轻掷芳丛好酒杯。"清人韦业祥（桂林人）慕名至此，可怜花期已过，于是留下了"山河百战余闲壤，鸿雪重游感凤因，我与堂东花有约，归来更喜牡丹新"的诗句。

7. 独树龙泉古寨

龙泉古寨位于方城独树镇，明清时期著名驿站。明正统四年（1439年）设诸阳驿，独树正值驿道上，称为龙泉店铺，后称龙泉镇。明嘉靖三十二年（1553年），洪水淹没冲毁龙泉古镇，仅龙泉寺前一老槐树得以幸存，后人因此易名为独树。龙泉今仅存一处清代东寨门（图3-32），坐标为北纬 33°19′53.3″，东经 113°09′38.9″。该寨门平面近方形，正中为拱券门，门额上镶道光十三年（1833年）所刻"旭映"二字石匾。

3-32 方城龙泉镇石板路及东寨门

（四）新野县

1. 新甸铺码头

新甸铺码头位于新野县新甸铺镇东，白河西岸，北纬 32°24′34.4″，东经 112°18′23.8″。因其位居白河下游，水位较好，码头稳固。明清之际常有汉口、襄樊等地的富商大贾到此坐庄采购，促进了该港的繁荣。1946 年以前，港中常停泊木船数百，甚至多达千只。新中国建立后，港口水运亦相当繁荣，1964 年以后废置。新甸铺现仅存一处古码头（图 3-33），石阶梯，沿河堤方向下至中部，再垂直于河堤方向折向河边，石踏步宽约 1.5 米，每步高约 0.15 米。

2. 沙堰石桥

沙堰石桥距离新野县城东北约 15 公里，东经 112°27′12.3″，北纬 32°36′27.8″。石桥为十七孔抬梁式平桥，长 39 米、宽 4 米，桥墩及桥面多用明清时期石碑及石建筑构件搭建。沙堰石桥始建年代不详，其位于白河未改道前的老河道之上，河已废弃，石桥现仍被两侧村民通行使用，桥面石上留有深深的车辙印（图 3-34）。

3-33 新野新甸铺码头

3-34 新野沙堰石桥

（五）南阳市

1. 府衙

南阳府衙是我国目前保存较为完整的封建时代府级官署衙门，位于南阳市民主街100号，东经112°31′51″，北纬33°36′52″，为全国重点文物保护单位（图3-35）。

南阳府衙始建于元，《元史·地理志》载："元至元八年（1271年）升为南阳府，以唐、邓、裕、嵩、汝五州隶焉。"明代，全国设布政使司十三，河南居其一，布政使司下设府，府下设州，州下设县，《明史·地理志》载："南阳府洪武初因之，领州二、县十一。"府衙在元故址上修葺并加以扩大。《明嘉靖南阳府志校注》载："南阳府治在城内西南，国朝洪武三年（1370年）同知程本初即元故址修建。正统五年（1440年）同知汪重重修，正堂匾曰'公廉'，后堂匾曰'燕思'，左右列六房，前竖戒石亭，建仪门，大门，后列官宅，东西列吏舍，经历司附正堂东，壁磨所附正堂西，司狱司附仪门西，架阁库在堂后，申明旌善二亭在府前东，永平库在府内。"清代，南阳府衙仍为府治处所。《清史稿·地理志》载："南阳府领州二，县十一。"清代府署内建筑时有增改裁并。

南阳府衙坐北朝南，南北长240米、东西宽150米，占地3.6万平方米。现存房屋140余间，位于中轴线的建筑有：照壁、大门（图3-36）、仪门、大堂（图3-37）、寅恭门、二堂、内宅门、三堂、后花园；两侧建有：生、死门，大堂耳房、厢房，寅恭门耳房、配房、厢房，二堂厢房、耳房、配房，官宅厢房，三堂耳房、厢房、配房，宾兴馆，马号等。东侧副线建筑自南向北依次是：申明亭、宾兴馆和衙神庙、萧曹庙和龙神庙、税课司和经历司、军厅、粮厅、军粮二幕外藩以及东花厅（包括桃李馆、桂香室、虚日轩）等；西侧副线建筑自前至后依次是：旌善亭、监仓和狱神庙、司狱司、照磨所、理刑厅（李署）以及西花厅（包括师竹轩、对月轩、爱莲堂、槐荫静舍）等。此外还有东西官宅、吏舍、牌坊、军械库、马号和各色仓房等。整个建筑占地数百亩，亭堂楼阁数百间，

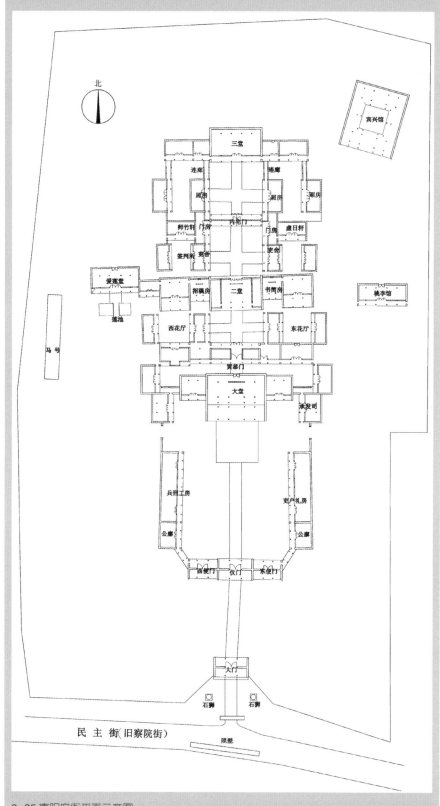

3-35 南阳府衙平面示意图

3-36 南阳府衙大门

3-37 南阳府衙大堂

院落数进，布局多路，建筑轩敞，是封建社会统治机构布局的缩影。

南阳府衙的建筑布局与《明史》、《清史稿》、《大清律例》等史籍所载的府衙建筑规制相同，是清代215个知府衙门中保存比较完整的府级官署衙门，是研究封建社会府级政权政治、经济、思想、文化以及府衙建筑制度的实物例证，是明、清官署建筑的折射和缩影[1]。

2. 天妃庙

天妃庙又称天后宫、妈祖庙，位于今南阳市宛城区南关朝山街东侧，北纬32°59′23.6″，东经112°31′58.5″。天妃庙创建于康熙三十五年（1696年），是中国北方内陆地区罕见且较完整保存至今的祭祀妈祖的庙宇。天妃庙多立于福建、广东、台湾等沿海地区。天妃，也称天后，民间尊称为妈祖、九天圣母娘娘，原是宋代福建莆田湄洲屿女子林默娘（960~987年），她勤学善识，与渔民一起，曾多次救助遇难船只，因其生前为民行善，去世后被沿海人民尊称为海洋女神，并立庙祭祀。南宋绍熙元年（1190年）朝廷封林默娘为"顺济夫人"，元代至元十八年（1281年）被晋封为天妃，清康熙二十三年（1684年）被晋封为天后。可以说，天妃庙是沿海地区行船的渔民和客商的精神寄托。

明清时期，南阳白河河宽水大，当时南关白河码头帆樯林立，客商云集，茶叶、丝绸等货物经汉水、白河船运汇集南阳，转陆路后再运往各地。随着福建等地客商逐渐增多，他们为了祈求天妃娘娘保佑，在南阳兴建了天妃庙以求河清海晏、舟船平稳，在每年农历三月二十三日天妃娘娘的生日及九月初九天妃娘娘成仙之日，都会在这里举行祭礼活动。

天妃庙现存大门、天后宫及奶奶殿等古建筑，占地2300平方米，建筑面积近600平方米。建筑均为硬山式，灰筒板瓦顶。大门面阔三间，前檐设板门，后檐设券洞门。天后宫整体为前卷棚后硬山大殿，屋顶勾连搭交接并设天沟，面阔三间，前檐明间为四扇隔扇门，两次间为四扇槛窗（图3-38）。奶奶殿面阔三间，前檐明间为隔扇门，两次间为槛窗。2006年，天妃庙被公布为第四批河南省文物保护单位。

1 赵刚等：《南阳知府衙门建筑考略》，《中原文物》2003年第4期。

天妃庙是当时航运从业者和商人的活动中心，具有重要的历史、文化和社会价值。南阳市历史上是重要的水陆交通中心，航运业极为发达，而天妃庙则是南阳航运业发展和兴盛的历史见证。作为内陆城市，南阳保留着供奉海神妈祖庙，这在全国城市中是不多见的，反映了南阳处于南北文化和经济交流中心的历史地位及南阳历史文化内涵的多元性。同时，天妃庙也为研究古代南北建筑技术的交流提供了珍贵的资料。大殿前的几通清代石碑，是记事碑，也是功德碑，不仅记录了天妃庙兴建维修情况的历史，还记录了大量商号及人员的捐资情况，是南方客商参与商业经营及祭祀活动的最直接证据。

　　3. 大王庙

　　大王庙是祭祀河神的庙宇，位于南阳市市河街南，清代，始建年代不详，占地约 800 平方米，坐西朝东。四合院布局，现仅存山门及北厢房。山门面阔五间，带前廊，硬山式建筑，筒板瓦屋面，明间为过门，屋顶

3-38 南阳天妃庙天后宫

挑起略高于两侧。北厢房面阔三间，明间为四扇隔扇门，两次间为四扇
槛窗。建筑保持了清代的风格，院内有清代碑刻一通（图3-39）。

4. 宛城驿

宛城驿位于古南阳东门外邮驿街，今新生街，北纬32°59′37.8″，东
经112°32′25.3″。宛城驿始建于明正统四年（1439年），为明清时期南
阳境内三大驿站之一，是豫西南地区的中心交通站，担负着政治、经济、
文化、军事等方面的信息传递任务。清顺治十八年（1661年）开辟自北
京至云贵川的驿道，每六十华里设一驿站，宛城驿地位更为重要，其距
北京四十八驿站，北有博望驿，南有林水驿，直至湖北的刘园驿，然后
通向西南边陲。宛城驿规模最大时饲养有数百匹马，驿站后殿供奉马王
爷雕像。

宛城驿建筑群坐北朝南，废弃后缺乏保护，再加上周围现代建设的
毁坏，现仅存前厅、配房及中厅3座建筑，均为硬山式建筑，灰瓦顶，
干槎瓦屋面，正脊两端置吻兽，砖雕卷草花脊，檐下设墀头。前厅面阔

3-39 南阳大王庙

三间，后檐设抱厦，建筑整体呈凸字形，前后檐明间设板门相通。前厅配房面阔两间，南面设门。后厅面阔三间，前檐明间设门，两次间开直棂窗（图3-40）。

5. 接官厅

接官厅位于原南阳古城城外的东北方向，北纬33°01′00.3″，东经112°34′06.4″。接官厅是一座明清时期的古建筑群，始建年代不详，位置距南阳府衙十里，所以俗称十里接官厅，是迎送过往、到任及离职官员的礼仪性活动场所。

接官厅坐北朝南，整体呈中轴对称布局，一进院落，东西宽16米、南北深33米。前设正门，后为正房，硬山式建筑，灰瓦顶，干槎瓦屋面，正房带前廊，前檐墙开券门，置支摘窗。正房前为客厅，与正房呈T形布局，北端屋顶相连，南端做歇山式顶。客厅整体空间敞开，不设门，易于进行接送礼仪活动（图3-41）。院内两侧建有围廊，与正房前廊相连，依托围墙呈一面坡形式，围墙上开有园林式或圆或正六边等几何形花窗。

3-40 南阳宛城驿

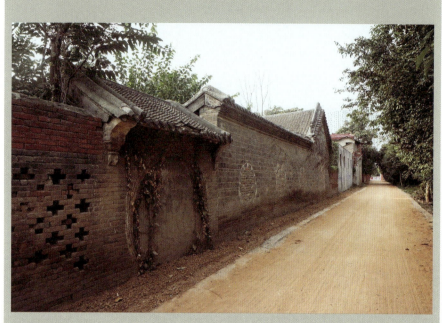
3-41 南阳接官厅

接官厅原配有马厩、更衣室、茶点室和鼓乐房等设施，现已不存。

6. 石桥古镇

石桥古镇位于南阳市北约 20 公里，北纬 33°11′13.0″，东经 112°37′10.3″，东临白河，是宛洛古道南阳至南召、鲁山一线上必经之地，也是当时的商业重镇。明、清两代均为石桥堡，属南阳县辖。清代光绪《新修南阳县志》载："盖县北诸镇莫大于石桥，宋南阳六镇之一也。北道三鸦通汝、洛，南循洱、淯，乘涨之郡，瞬息可至，缩毂水陆，号为繁富。"可见，古镇的兴起与其水陆交通的区位优势有着密切的关系。石桥现尚存一条古商业街（图 3-42），街两侧保存着大量传统商铺、民居及清真寺等历史建筑，是石桥镇作为"宛北名镇"的主要见证。沿街商业店铺三间、五间不等，高低起伏、前后错落，保持着传统古街区的格局，建筑均为硬山式，灰瓦顶，干槎瓦屋面，叠瓦脊，山墙设墀头，前檐为商业店铺惯用铺板门。古街两侧现存有 25 座院落，有历史建筑 90 余座 300 余间，其中较为重要是商业店铺隆泰店和清真寺。

隆泰店创立于清代光绪年间，坐西向东，宽 15.3 米、深 56.5 米，

3-42 南阳市石桥古镇

两进院落，传统四合院式布局，总平面呈日字形，沿街为五间商铺，一进院及二进院正房均为五间，院内两侧设厢房。

石桥镇是南阳地区著名的回族聚居区，古街中段路西有一座清真寺，占地面积 2500 余平方米，寺内《重修清真寺碑》载寺始修于清雍正年间，全寺殿舍 20 余间，由大殿、门楼、望月楼、讲经堂、厢房、水房、井亭等建筑组成。现存大殿、门楼、望月楼较为完整，石桥现有回族居民约 4000 人，主要居住在以清真寺为中心的中山街南段。

（六）南召县

鲁阳关

鲁阳关在鲁山与南召之间的一个南北走向的断裂大峡谷中，关两侧的山岭之上现仍存有楚长城遗迹，而从鲁阳关通过的这条路是古代重要的车马通道，历史上被称为"三鸦路"。现存的清顺治十年（1653 年）鲁阳关关楼石匾上刻有"古鸦路"三个大字，题注有"北通晋秦，南扼楚蜀"，说明了宛洛间这条最近捷通道的重要性。

（七）淅川县

1.荆紫关镇

荆紫关镇位于淅川县丹江河上游，距离淅川县城西北80公里，地处豫、鄂、陕三省交界处，有三省界碑一块，号称一步跨三省，是河南省西南重镇，著名关隘。荆紫关秦汉时称"草桥关"，南宋时改称"荆籽关"，清初改称现名。荆紫关因地处丹江水运交通要道而逐渐形成为重要码头集镇。明清时期达到了空前繁荣，形成了三大公司、八大帮会、十三大骡马店、二十四大商行。随着客商的云集，逐渐建造了不少祭祀、集会等建筑，如平浪宫（祭祀建筑）、禹王宫（祭祀建筑）、万寿宫（江浙会馆）、山陕会馆、清真寺、协镇都督府、城隍庙、法海禅寺等。荆紫关镇是沿丹江岸南北走向的依山傍水的带状集镇，清嘉庆七年（1802年）形成南北长2000米的河街，平行河街形成2500米长、5米宽的商业街，布置有200余间商业店铺。现河街已毁，商业街仍存，俗称"清代一条街"，呈南北走向，全长1250米，总占地约500公顷，街道两旁店铺林立，现存古建筑皆为清代建筑，共281栋，其中民居230栋、公共建筑51栋（图3-43）。

3-43 荆紫关镇古街

荆紫关地处我国南北方交接区域，建筑融合了南北方建筑风格，是一座极具特色的古商业重镇。其建筑风格外观近似徽派，建筑布局以四合院为主，建筑装饰接近南方，内部结构则将北方的抬梁式与南方的穿斗式结构相结合，柱子之间设穿梁，穿梁有承重功能，驼墩代替金瓜柱承托檩子。建筑为砖、石、木结构，墙体为夹坯砖墙，屋面覆以小灰板瓦。

2. 关门

关门位于荆紫关镇南端，民国二十七年（1938 年）重建，砖石结构，宽 6 米、厚 1 米、高 7 米。中间辟拱券门，门楣上镌刻"荆紫关"三个大字，檐下施仿木结构砖雕斗栱（图 3-44）。

3-44 荆紫关镇关门

3. 平浪宫

平浪宫位于荆紫关镇的南部，距关门 170 米，创建于清代初年，由丹江航道船商捐资修建，取风平浪静之意，为船工娱乐、集会之所。建筑群整体坐东向西，面对丹江，建在高地上，呈中轴对称布局，两进院落。中轴线上建筑为前殿、中殿与后殿，前殿也是平浪宫的大门，硬山式建筑，灰瓦顶，仰合瓦屋面，面阔三间，进深四架椽带后檐单步梁，明间前檐门头挑起高于檐口屋面，并覆以歇山式顶，门上部正中题"平浪宫"三字，南北两次间前檐各设一圆窗，两窗上部分别题"风平"、"浪静"。中殿与后殿结构相同，均为硬山式建筑，灰瓦顶，仰合瓦屋面，面阔三间，进深四架椽带前后单步梁。前殿南北两侧有掖门和钟、鼓二楼，钟鼓楼建于高台之上，系三重檐四角攒尖顶，仰合瓦屋面，穿斗式结构，砖雕花脊，每层檐下置斗栱，额枋上雕刻花草图案，顶部置宝珠，钟楼顶部铁件上书"风调"、鼓楼顶部铁件上书"雨顺"二字（图 3-45）。

3-45 荆紫关镇平浪宫

4.山陕会馆

山陕会馆位于荆紫关镇中街，坐东向西，清乾隆年间由山西、陕西两省商人联合筹建。会馆建筑呈中轴线对称布局，四进院落，中轴线上的建筑有：大门、戏楼、大殿及两侧钟鼓楼、中殿、春秋阁等，建筑多为硬山式，灰瓦顶，仰合瓦屋面，正脊饰卷草纹，两端置吻兽（图3-46）。

大门面阔五间，进深一间，台基前置三级石踏步，踏步两侧各有一石狮，前檐明间设两扇板门，门上立"山陕会馆"四字匾额，次间稍间均为四扇六抹隔扇门，山墙设墀头。

戏楼面阔五间，两层，为东西两面戏楼，西面出一间抱厦，底层为通道，两侧面各设石踏步登二层戏台，戏台正面为六扇六抹隔扇门，侧面为四扇六抹隔扇门，抱厦顶为歇山式（图3-47）；戏楼背面为五间戏台，明间檐柱外移，较为开阔，屋顶为歇山式（图3-48）。

大殿整体为歇山式建筑，面阔三间，进深三间，带前后廊，檐下施斗栱，明间前后檐外增设檐柱一根，上挑并出歇山式顶，高于两侧屋顶（图3-49）。大殿前左右对称置钟鼓楼，底层设高台，均为重檐四角攒尖顶，

3-46 荆紫关镇山陕会馆

顶部安宝珠，额枋雕花。戏楼与大殿之间的院落内南北两侧各建有九间游廊，中间三间屋顶高于两侧三间。

中殿为硬山式建筑，面阔三间，进深三间，带前廊。

春秋阁平面近方形，面阔三间，一卷一殿形式，为前卷棚后硬山勾

3-47 荆紫关镇山陕会馆戏楼西立面

3-48 荆紫关镇山陕会馆戏楼东立面

3-49 荆紫关镇山陕会馆大殿及钟鼓楼

3-50 荆紫关镇山陕会馆春秋阁

连搭式建筑，卷棚与大殿屋顶相连，中间设天沟（图3-50）。

5. 万寿宫

万寿宫又名江西会馆，清代时江西商人集资兴建。万寿宫原布局已被破坏，建筑现仅存大门、正殿及药王殿，坐东朝西，大门与正殿在同一轴线上，药王殿紧临正殿北侧。建筑均为硬山式，灰瓦顶，仰合瓦屋面。大门面阔三间，进深一间，中间明间为门楼，屋顶挑起略高于两侧。正殿与药王殿平面近方形，面阔三间，进深三间，带前廊（图3-51）。

6. 禹王宫

禹王宫即湖广会馆，修建于清嘉庆十年（1805年），为祭奠治水有功的大禹而建，也成为湖广商人集会的场所。禹王宫位于中街，现存有戏楼、大殿及偏殿。戏楼为二层硬山式建筑，灰瓦顶，面阔五间，进深六架椽。一层明间为过道，二层为戏台。大殿面阔三间，一卷一殿形式，为前卷棚后硬山勾连搭式建筑，卷棚与大殿屋顶相连，中间设天沟，卷棚前檐带廊。偏殿面阔三间，硬山式建筑，灰瓦顶，仰合瓦屋面（图3-52）。

7. 清真寺

清真寺始建于明代，由当地回族同胞集资兴建，为伊斯兰教众集会和做礼拜的场所，位于荆紫关镇南大街东侧，坐东向西，四合院式布局，由大门、正殿及两侧偏殿组成，均为硬山式建筑，灰瓦顶，仰合瓦屋面。

3-51 荆紫关镇万寿宫

3-52 荆紫关镇湖广会馆

大门三间，卷棚顶，明间设板门。正殿平面长方形，面阔三间，进深较大，一卷一殿形式，为前卷棚后硬山勾连搭式建筑，卷棚与大殿屋顶相连，中间设天沟，卷棚建筑敞开无装修，大殿老檐柱间设门。

二　平顶山市万里茶道相关遗产

　　平顶山地处河南腹地，其历史可追溯到五六千年以前，现已发掘了新石器时代裴李岗文化、仰韶文化和龙山文化遗址。商周时期，这里是应国，《左传》、《诗经》、《史记》等皆有记载。平顶山境域古为豫州地，早在商周时期，境内就是连接南方到中原各国的通途（古称夏路），由叶县东出陈蔡、雒都和东南出汝川的古道均布于此地。辛钟灵《方舆纪要辑要》把汝叶间的地理形势总结为：山川盘纡，原隰沃衍，南蔽三关，北控郑洛；南出三鸦，则拊宛邓之背，北首伊阙，则当巩洛之胸；西指嵩高，而陕虢之势动，东顾汾陉，而许颍之要举矣（图3-53）。

3-53 平顶山市茶道线路及遗产分布图

（一）叶县

1. 县衙

叶县县衙位于县城中心街，北纬 33°37′21.2″，东经 113°20′40.0″，始建于明代洪武二年（1369 年），历代多有毁坏、修复和扩建，至 20 世纪 70 年代初，一直作为县级政权办公场所。2006 年被公布为全国重点文物保护单位。

叶县县衙占地 16848 平方米，坐北朝南，总体平面呈不规则长方形，南北长 140.4 米、东西宽 120 米，总体建筑布局分为中轴线和东、西副线。中轴线上建筑由南向北依次为大门及班房，是衙门中三班衙役驻守、办公场所；仪门，两侧分别为萧曹庙和土地祠，供俸汉代名相萧何、曹参及土地神；戒石碑，正面为黄庭坚书"公生明"，背面亦为黄书的宋御制戒石铭"尔俸尔禄，民膏民脂，下民易虐，上天难欺"；大堂，是知县发布政令及公开审理案件的场所（图 3-54），大堂左右分别为"吏、户、礼、兵、刑、工"六科房，是衙门的职能部门；二堂，内有幕厅和招书房，是知县和幕僚商议公务和招书师爷办公的场所，二

3-54 叶县县衙大堂

堂两侧厢房为会文馆和会武馆，是知县接待外来官员的场所；三堂，是知县个人办公室，也是审理涉密案件及花案的场所，东西厢房是其幕僚、师爷办公的地方。东副线上建筑依次为狱房、宅院、厨院，宅院是知县家眷居住的地方，其东为厨院。西副线上依次为：西群房，县衙公务人员居住区；虚受堂，知县受到上奉表彰后反检自省的场所；思补斋，知县总结公务中的得失、自省补正的场所，思补斋两侧分别为南、北群房和南、北书房；大仙祠，知县供俸狐仙，以祈佑印信的安全。县衙最后为后花园，整个园中假山耸峙，绿水长流，亭榭掩映，草木繁盛，四季常绿。

叶县县衙是一座古代衙署文化博物馆，具有丰富的历史信息和深厚的文化内涵。叶县县衙整座建筑群以硬山式砖木结构为主，抬梁式构架，青砖灰瓦，雄浑端庄，古朴秀美。木雕、砖雕等装饰，设计精巧、雕刻细腻，显示了古人卓越的建筑技术和工艺。叶县县衙大门三间，大堂、二堂、三堂均为五间七架，这与《明史·舆服》载"三至五品，厅堂五间七架，檐桷梁栋青碧绘饰，屋脊饰瓦兽，大门三间……"相符，这说明，叶县县衙不是作为一般的七品县衙而存在的，这在等级制度森严的明朝十分罕见。现存的大堂脊枋上"大清同治八年岁次己巳夏四月同知衔调署叶县事中牟县知县彭泽欧阳霖重修户部主事邑人杜鹤慈监修"的题记，以及二堂脊枋上"大清咸丰八年同知衔叶县知县钮达璋重修"的题记中，两任官员均为"同知衔"，即正五品，证明了叶县县衙在明、清时期的县级官署衙门中的建置级别较高，这对研究明、清时期的政权机构设置及衙署等级制度等都具有重要意义。

2. 保安镇山陕会馆

保安镇北距叶县县城 30 公里，南距方城县城 30 公里，是平顶山市和南阳市的分界，为中原历史名镇，其扼荆襄夹道，地理位置和战略位置十分重要，自古以来就是南阳盆地通往华北地区的最主要通道。因地理位置重要，保安镇作为驿站存在达数百年之久，明代天启年间保安驿年需白银 4434 两，是国家一等驿站。保安镇现存有一处关帝庙，亦称山陕庙，位于北纬 33° 23′ 23.8″，东经 113° 14′ 17.5″，占地 7.5 亩，原规模已毁，现仅存大殿一座，硬山式建筑，面阔三间，通面阔 10.6 米，进深四架椽带前后檐廊，通进深 8.5 米（图 3-55）。

3. 旧县澧河石桥

旧县澧河石桥位于叶县旧县乡北 1 公里的澧河之上，北纬 33° 30′ 32.0″，东经 113° 17′ 29.3″，始建年代不详，其形制、做法、工艺等与龙泉乡澧河石桥相同，应与其同为建于明代的桥梁。该桥处于古官道——宛洛古道之上，是跨越澧河的必经之地，后因洪水泛滥、河道淤积致使石桥被掩埋于泥沙之中，近年因建设采沙才使石桥重现于世。

澧河石桥结构为平梁方孔，全用青石砌筑，南北走向，桥南部已被

3-55 叶县保安镇山陕会馆

3-56 叶县澧河石桥

冲毁，现残存有 28 孔，残长 71.8 米、桥面宽 4.8 米，桥洞宽 1.3 米。桥两侧因采沙而被下挖甚深，其结构整体暴露出来。桥底为密实的卵石泥沙河床，其上铺厚约 0.2 米石板一层，再上为大块石叠压的桥墩，两侧均做分水尖，最上一层桥墩迎水方向雕龙头造型，泄水方向雕龙尾造型。桥面石并排 8 块跨于两桥墩之上，厚 0.3 米余，个别桥面石上残留有栏杆望柱的卯口。虽桥面青石质密坚硬，但长期经车辆辗轧，其表面仍形成了车辙印（图 3-56）。

旧县澧河石桥是河南省现存平梁石桥中规模较大的一座，其做法和工艺具有一定的代表性和地域性。

（二）郏县

山陕会馆

山陕会馆又名山陕庙，位于郏县城关镇西关大街西段北侧，北纬 33° 58′34.2″，东经 113° 11′42.0″，现为全国重点文物保护单位。郏县是万里茶道的南北向宛洛古道与东西向通往许昌的古道交会之地。明清时期，郏县商贸繁荣，商人云集，山陕二省客商捐资置地兴建了郏县山陕会馆作为联乡谊、通商情的场所。会馆创建于清康熙三十二年（1693年），其后，雍正、乾隆、嘉庆时期又进行了增建。现存山陕会馆为两进院落，坐北朝南，南北长105米、东西宽60米，占地6300平方米。现存古建筑共9座，中轴线上自南向北依次为照壁、戏楼、大殿及春秋楼，戏楼两侧东西分别为钟楼和鼓楼（图3-57）。

照壁，宽8米、高7米、厚1米，基座用质地坚硬、加工平整的大块红石砌筑，上部用青砖砌筑，硬山式屋面，灰瓦顶。照壁正面中间镶嵌砖雕团龙。

戏楼，坐南朝北，也是出入会馆的门楼，两层悬山式，面阔三间，进深一间。一层为通道，南墙正中设板门，门头贴墙挂垂花柱屋檐，筒板瓦顶。门楣墙体上镶石匾额一块，阴刻"山陕庙"三个大字，为清嘉庆年间增建戏楼时所制。二层面北，为三间敞开式古戏楼，檐枋装饰镂

3-57 郏县山陕会馆

空木雕，图案有二龙戏珠、狮滚绣球、蝙蝠、喜鹊等。檐下施五踩重栱斗栱，斗和栱表面均浮雕花瓣纹饰，柱头科为双下昂，要头外出雕刻为龙首，平身科设斜栱，两层昂头及其上要头被雕刻成上龙首中龙身下龙尾造型。

钟楼、鼓楼分置于戏楼东西两侧，形制、规模相同，均置于 3 米高台基之上，重檐歇山式建筑，平面方形，面阔进深各一间，一层带一周围廊。建筑檐下施斗栱，飞檐挑角之下悬挂风铎。脊饰雕砖精美，正脊两端设吻兽，正中为砖雕麒麟宝瓶。

正殿，与戏楼相对，歇山式建筑，面阔五间，进深三间，檐下施五踩重栱双下昂斗栱。建筑外形被后人改造严重，前后檐均用砖墙封砌，仅在明间开门，屋顶毁坏后被改造为小灰瓦顶，干槎瓦屋面。戏楼与正殿围合的院内东西两侧建廊房，各十一间。

春秋楼，二进院的主体建筑，悬山式建筑，两层，灰瓦顶，面阔五间，进深一间，屋顶被后人改造，现为小灰瓦顶，干槎瓦屋面。殿东西两侧各建配殿三间，硬山式建筑，两层，灰瓦顶。

特殊的地理位置使明清时期的郏县成为著名的万里茶道上的一个商业重镇，而山陕会馆即晋商和秦商在此活动的重要的实物例证，具有重要的历史、艺术和科学价值。会馆古建筑群的整体布局、建筑结构、砖雕和木刻艺术等建筑技术和工艺，为研究我国会馆文化及建筑文化提供了第一手实物资料。

（三）石龙区

1. 黑鱼桥

黑鱼桥位于平顶山市石龙区捞饭店村南，北纬 33°52′55.3″，东经 112°53′27.2″，为石龙区文物保护单位。黑鱼桥为单孔石券桥，桥面及引桥残长约 20 米、宽 6 米，桥洞宽 4.2 米，洞内淤积，现券洞高约 2 米，东有迎水龙头，西有龙尾。石桥始建年代不详，在乾隆和光绪年间进行过修缮，留下碑刻二通，碑上有"南通胡广，北达秦晋"及"左傍高山，右有峻岭"题记。黑鱼桥现仍在使用，近年重修道路时在其上覆钢筋混凝土桥面。

2. 捞饭店古民居（高家宅院）

宛洛古道穿越石龙区捞饭店村，这里曾是古道上集吃、住、贸易为一体的商业集市，沿街建有大量宅院和商业店铺。高家宅院即建在古道的路西，北纬 33°53′21.8″，东经 112°53′27.1″，坐西面东，分南北两组院落（图3-58）。

南院东西长约68米、南北宽约17米，整体为北方传统四合院式布局，四进院落，单体建筑均为硬山式，灰瓦顶，干槎瓦屋面，叠瓦脊。临街为门楼及三间倒座，门楼建于北侧，屋顶高于倒座，砖雕墀头，奔马图案。从门楼进入一进院，厢房及正房建筑已毁。二进院现存五间厢房及五间正房，正房明间设穿堂门，由此门进入三进院。三进院现存南北厢房各两间。四进院入口设砖雕门楼（图3-59），双扇板门，门两

3-58 石龙区捞饭店古民居

3-59 石龙区捞饭店古民居门楼

侧对称做正方形浮雕影壁，影壁芯雕刻已毁，门额之上雕刻楷体"天休滋至"四字，两侧饰卷草图案，屋顶为仿木结构砖雕椽飞，硬山顶，筒板瓦屋面，正脊砖雕花卉及鱼形图案，由门楼进入四进院，现存南北各五间厢房及五间正房。门楼南侧建有一跨院，现仅存一栋五间正房，坐西向东，为两层楼房，相传为女儿出嫁前居住的绣楼。四进院落后原有后花园，内植花木，后改为骡马店。

北院整体布局原与南院大致相同，但因早已废弃，毁坏较为严重，现仅存沿街倒座及院内正房一座。倒座与南院倒座紧临，四间。正房五间，为二层楼房。南北两院临街门楼墙体上各镶四个凹形拴马石，现保存完好。

另外，在十字街东约 50 米处路北还有一座高氏宅院配套院落，坐北向南，宽约 17 米、南北深约 30 米，一进院落，临街建有门楼和倒座，院内为东西厢房和正房，是长工、仆人歇息及耕作车马停放的地方，建筑风格与主宅相仿，装饰稍显粗糙。紧邻配套宅院的西边原有一处高氏家宅建筑群，是清末民初高氏家族秀才高彦先生执教的私塾学馆及专门从事粮食加工为家族服务的磨房，也是部分家族成员的住所，惜建筑群在近年废弃并毁坏。

（四）宝丰县

宝丰县位于河南省中西部，隶属平顶山市，万里茶道在宝丰县境内主要依托古时宛洛古道。宛洛古道经宝丰有两条道路，一条自南向北经石龙区—李文驿—大营—蛮子营—大店头—龙兴寺—汝州；另一条自南向北经鲁山—马街—小店—杨庄—土桥铺—商酒务—汝州。新中国成立以来，随着社会经济的快速发展，宛洛古道逐渐废弃，而被境内207国道、平临公路所替代。

大营关帝庙

大营镇位于县境西部，处在宝丰、鲁山、汝州三县交界地带，且是进入西部山区的进山口，古为宛（南阳）洛（洛阳）交通要道，商旅多有商务活动，特别是山陕商人居多，并在此创建了聚会的场所，即关帝庙，又名山陕会馆（图3-60）。

3-60 宝丰大营关帝庙

大营关帝庙位于大营镇南关村，北纬 33°56′9.6″，东经 112°52′55.8″，坐北朝南，面积约 900 平方米，始建年代不详，中轴线上现仅存拜殿和大殿，大殿两侧各有配殿三间，殿前东、西侧对称存有厢房各两座，北两间，南七间，东侧两间厢房北侧另存有配房三间。拜殿和大殿为山陕会馆内主体建筑，拜殿为卷棚硬山式，灰筒板瓦顶，面阔三间，进深五架椽，檐柱承六架梁、四架梁及月梁，月梁上施罗锅椽，殿前设月台。大殿紧临拜殿，硬山式，屋顶被改造为黄琉璃筒板瓦顶，与拜殿屋面原为勾连搭形式，现拜殿后檐出檐改小，两屋面不连而露空，大殿面阔三间，进深四架椽带前后单步梁。另外，庙内现存古碑刻两通，一通为清雍正八年（1730 年）山西大同商人阎奇捐资重修碑，一通为清乾隆五十六年（1791 年）《重修山陕会馆拜殿月台碑记》。《重修山陕会馆拜殿月台碑记》记载："汝南大营镇有崇山峻岭，茂林修竹，又有清流激湍，映带左右，物华天宝，地灵人杰，诚豫省一名区也。秦晋士商多居于此。国初创建关圣帝君庙，名曰'山陕会馆'，是庙也。"还记载捐资商号有公兴号、关中魁、关白号、顺兴号、元吉号、兴盛号、信义号、复盛号、和义号、关德胜等。

（五）汝州市

1. 半扎古镇

汝州市蟒川乡半扎村，又名半扎万泉寨，距汝州城南约 17 公里，北纬 34°01′06.9″，东经 112°49′07.2″，曾是宛洛古道上的重镇及驿站。半扎古寨建在万泉河的北岸，寨内的街道北面有宅院、店铺，南邻寨墙，无法建房居住，形成了半拉街，半扎因此而得名。清同治初年，社会动荡不安，各地乡绅纷纷筑城寨自保。由于半扎一带土匪猖獗，半扎镇又地处古道，晋商云集，富户较多，迫切需要一个高大坚固的寨墙守护，在一个被称为张县老（又说张德老）的绅士主持下，筹集银两，历经数载，在原寨墙的基础上扩建了半扎石寨。半扎寨竣工于同治四年（1865

年），石寨周长约 4500 米，寨墙厚约 8 米。寨东西长约 1500 米、南北宽约 700 米，因南北寨墙沿河修筑，寨子呈不规则的椭圆形。寨墙上筑有女儿墙，留有垛口，每隔 50 米建有一个更房，寨门楼上和其他重要部位设有炮台，四周还建有 5 个三层的炮楼。寨有四门，东、西均有高大的拱形寨门，南门较小，主要是为方便村民到河边洗衣、提水，寨门上建有寨楼，大炼钢铁时寨门被毁。半扎寨在历史上曾与汝州市的临汝镇和宝丰县的大营镇齐名，当地现在仍流传着"吃不完的大营饭、住不完的半扎店"之美誉。在这里，商队向南贩运青海的食盐，向北贩运布匹、大米、茶叶和丝绸等，半扎有几十家专为商队提供服务的店铺。半扎的地理位置优势吸引了众多商家，山西的八大兴等大商号在这里开分号、做生意，河北人张才来这里开粮行，后落户半扎。现在半扎村内不仅保存下来了古寨墙寨门、关帝庙、文昌阁、半扎石桥、古商铺、古民居等文化遗产，还可随处看到墙上镶嵌的拴马石、路边的上马石、布店染房抛光用的元宝石、古老的水磨等等古迹。

半扎关帝庙：创建于乾隆二十七年（1762 年）。据《直隶汝州全志》卷六记载："王复云，山西潞安人，侨居半扎街，经营杂货，家已小康。乾隆二十七年，捐资于本街创建关帝庙，并施香火地二十余亩，又施义茔地二十亩。乐善好施，云其有焉。魏佩、魏绣，系弟兄，住归仁里，捐入半扎街关帝庙地七十亩，有碑记。樊光彩，住归仁里（辖半扎），乾隆己亥（1779 年），在半扎街关帝庙前添建乐楼三楹，有碑记。"半扎关帝庙坐北朝南，现存有一进院落，前为戏楼，后为拜殿与大殿，院内东西两侧为厢房。戏楼为单檐硬山式建筑，砖石木结构，小灰瓦顶，干槎瓦屋面，两层，一层为通道，墙体下部用块石砌筑，高约 2.5 米，其上用砖。戏楼前檐为门楼式，一层明间开券洞，设双扇板门，券脸石上方镶石匾，上刻"关帝庙"三字，二层两次间各设一圆窗，后檐二层为戏台，面阔三间，檐柱为四根石柱，上刻对联两幅，一是"当年那是非真演出忠奸照明月，此地何言是假看来赏罚似春秋"，二是"盛衰一局棋自古常如汉魏，邪正千秋价于今试看刘曹"，檐下施三踩单昂斗栱，阑额和平板枋雕刻有二龙戏珠、喜鹊、游龙、花卉等图案（图3-61）。拜殿为卷棚硬山式建筑，砖木结构，灰筒板瓦屋面，面阔三间，进深一间，抬梁式构架，六架梁承四架梁及月梁，上施罗锅椽，拜殿前设月台（图3-62）。大殿为硬山式建筑，面阔三间，进深四架椽带前檐廊步，

3-61 汝州半扎关帝庙戏楼

3-62 汝州半扎关帝庙大殿

抬梁式构架，大殿被后人改造较为严重，墀头已毁坏，屋顶改用为小灰瓦，干槎瓦屋面。

文昌阁：是半扎文风昌盛的标志，建在半扎大街的正中，以条石砌成四方台，台下留一过街门洞供人通过，台上建有两层木结构的楼阁，现楼阁已拆毁，仅存方台，门洞西侧上方的石匾上刻有"迎风"，东侧的石匾上刻有"培脉"及"河南直隶汝州归仁里半扎店"等字样。重修文昌阁碑记有"汝治南三十里许半扎镇，南通楚粤，西接秦晋……十八家建阁于镇之东首……大清道光八年立"等字样（图3-63）。

半扎石桥：位于半扎村东约100米处，南北横跨万泉河之上，为明代两孔石拱桥，桥长14米、宽4.91米、高4.48米，桥孔宽3.78米、总高3.48米、券高1.67米，中间桥墩宽1.72米，前后出分水尖。半扎石桥是宛洛古道宝丰通往汝州的必经之地，桥面石上留有深深的车辙印痕，桥面两侧原有石质栏板望柱，现仅留有望柱卯口。在桥的北侧有石碑一

3-63 汝州半扎文昌阁

通，上面记载了半扎石桥为"大明泰昌元年（1620年）冬十月十八日重修"（图3-64）。

半扎古民居：半扎村沿街尚存大量古商铺和古民居，保存较好的有樊光明宅院和戴民权故居。樊光明是清末秀才，其宅院临街而建，坐北朝南，两进院落，临街为门楼和倒座。门楼保存完好，门两侧有浮雕石门墩，上刻"风清流水当门转，春暖花飞隅峙来"，砖雕墀头。一进院东厢房与正房尚存，东厢房为单檐硬山式建筑，面阔三间，进深四架椽，正房面阔三间，进深四架椽带前檐廊；二进院现存有西厢房及正房，西厢房三间，进深四架椽，正房面阔三间，进深四架椽带前檐廊，两侧有通道可进后花园，樊光明宅院是一组北方典型的四合院式民居建筑群。戴民权（1891~1940年），名正，字端甫，蟒川乡戴湾村人，民国时期军人，官至中将，1940年5月奉令于河南遂平境内截阻日军而壮烈殉国，

3-64 汝州半扎石桥

时年 48 岁，为抗日战争期间阵亡的中国军方高级将领之一。半扎街戴民权的宅院被当地百姓称为戴公馆，以前有相连几进院落，后被破坏，现仅余三进院落，坐北朝南，民国二十一年（1932 年）八月十六日建。戴公馆临街门楼五间，硬山式建筑，明间设大门，正脊为砖雕透脊，灰瓦顶，院内东西厢房各三间，半坡硬山式。一进院正房为过厅，面阔五间，进深六架椽带前后檐廊，硬山式建筑，正脊为砖雕透脊，灰瓦顶（图3-65）。过厅后为二进院，现仅有东厢房三间，正房五间。正房为两层硬山式建筑，室内有木楼板，正脊为砖雕透脊，正房东边有一小通道进入三进院，现存东西厢房各三间，半坡顶，硬山式建筑，正房五间，硬山式建筑，脊枋上书"民国二十一年九月二十六日建"。

2. 庙下古街及民居

庙下村位于汝州市西约 12 公里，北纬 34°13′08.6″，东经 112°41′54.8″，宛洛古道自村中穿过，历史上逐渐形成了商业一条街，现存有沿街古商铺十余座，均为硬山式建筑，灰瓦顶，干槎瓦屋面，或一层或两层，前檐沿街面设铺板门（图 3-66）。商铺内原均有院落，整体为传

3-65 汝州半扎古民居

3-66 汝州庙下古民居

统四合院式布局，前商后寝，但大量已废弃，后人改造严重，院落保存完整的仅余一处。

3. 古桥

汝州市沿宛洛古道修建有大量的石桥，现存有半扎石桥、斋公店石桥、汝州西关石桥及玉虎桥、临汝东门外石桥等，均为拱桥，多在近现代使用中被改造和加固。

4. 闫老三茶社

闫老三茶社位于汝州市临汝镇街西段、洛界公路南侧。茶社建于清末民初，坐南朝北，面阔三间，硬山式建筑，砖木结构，近年因修公路而被破坏了一角。茶社所有人为闫家三少爷闫曰礼，当时是四县民团总指挥，国民军十七路军参议。茶社内外现仍保存有青石碑刻八通（图3-67）。

（六）鲁山县

鲁山县位于平顶山市南部，与南阳市南召县接壤，南为伏牛山东脉江淮分水岭，有楚长城遗存，鲁阳关设于分界岭上，是宛洛古道最为便

3-67 汝州闫老三茶社

捷的通道，地理位置非常重要。鲁阳关在南阳南召县茶道遗产上已做描述，县城内原有一座山西和陕西商人集资兴建的山陕会馆，现已毁，仅存古碑刻二通。

三　洛阳市万里茶道相关遗产

洛阳位于河南省西部，古称豫州，因地处洛河之阳而得名，是中国著名的历史文化名城，有几千年的文明史，在历史上曾长期是中国政治、经济、军事中心，先后有 13 个朝代在此建都，在盛唐时候，是享誉世界的名城，北宋时期，洛阳地位衰弱，降为陪都，但元、明、清三朝皆为河南府治所在，仍是繁华的商业中心、交通要道及军事要地，是晋商南下、徽商北上、陕商东进的必经之地，是东西交通的丝绸之路和南北交通的万里茶道的交汇点和区域销售网络的中心，且茶叶贸易西线也是自洛阳沿丝路向西贩运。洛阳交通四通八达，其"东都四达之府，西接崤函，北望太行，为秦晋门户，两省懋迁之畴，盖萃于兹"。古时商人多汇集于此，特别是与之相邻的山陕两省商人活动频繁，他们营建店铺、会馆，留下了大量的文化遗产，从现存的碑刻题记资料中可窥见一斑。

洛阳现存文化遗产与茶道关系较为密切的有3处，即潞泽会馆、山陕会馆和关林（图3-68）。乾隆九年（1744年），山西潞安、泽州二府商人捐资，在洛阳老城东南修建潞泽会馆，捐资者包括七大商行100多家店铺。道光十五年（1835年），山陕商人捐资修葺的创自康熙、雍

3-68 洛阳市茶道线路及遗产分布图

正年间位于城南关外的山陕会馆，捐资者包括大小商户 952 家，发起此次捐资修葺的有 23 家董事，其中有协盛玉茶号和山西常家大德玉商号的分店大聚隆。咸丰二年（1852 年）修葺会馆时捐银的商号中有常家的大德玉等 4 家商号。众多的商号商铺林立，经营品种包罗万象，茶叶便是其中的一种。贩茶商人在洛阳做了一次最大的分流，西路晋商以及此前一直与山西商人合作的陕西商人，在这里转而往西，经营往陕西、甘肃、宁夏、青海、新疆地区的贸易，茶叶是其中的主要物品之一；往北的茶路上晋商独自贩运，会馆中也不再有山陕会馆，而只有山西会馆了。在洛阳的茶商多是来自太谷、祁县、榆次、潞州和泽州。洛阳与茶道及晋商密切相关的，还有位于老城南的关林。关林初为东汉末年礼葬关羽首级之冢，明代万历年间建庙，清代以来，晋商出于对关羽的崇奉，经常在关林举办祭祀活动，关林的经历次修葺也均有捐献。洛阳关林，加深了晋商对于关羽的信奉，而晋商也为关林的修建贡献了一份力量，如《山陕商人为添建戏楼、甬道等施银碑记》中载有山陕商人为关林捐资添建了戏楼之事。

万里茶道使古都洛阳的商业与文化元素得到了升华。

1. 潞泽会馆

潞泽会馆始建于乾隆九年，由山西潞安、泽州两府同乡商人集资兴建，捐资者包括七大商行 100 多家店铺，后世多有捐资扩建或修葺。潞泽会馆位于洛阳市瀍河区，占地 15750 平方米，建筑面积 3600 平方米。会馆所在的新街大致形成于明清时期，处于洛阳古城墙之外，街道两侧基本上都是商户，为了区别于古城墙内的其他街道，而得名新街，历来以商业繁华而著称（图 3-69）。

潞泽会馆建筑群呈中轴对称布局，坐北朝南，沿中轴线上依次为舞楼、大殿和寝殿，中轴线东侧为钟楼、东厢房、东配殿，中轴线西侧为鼓楼、西厢房、西配殿，由这些建筑组成前后两进完整的院落，一进院宽阔深远，适易举办各种活动。潞泽会馆虽历经二百多年的风雨，但仍

3-69 洛阳潞泽会馆

然保留着历史的风貌。另外，会馆西侧尚存有一跨院，为四合院式，由门房、正房及东西厢房组成（图3-70）。

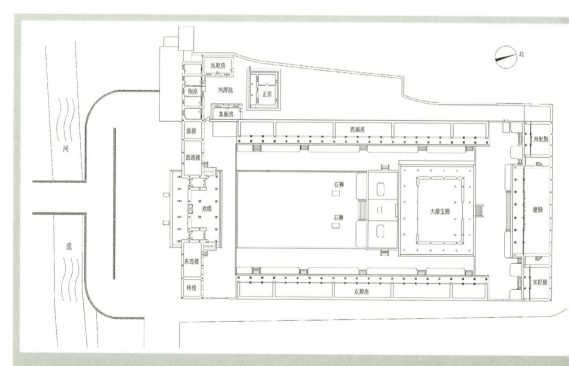

3-70 潞泽会馆平面示意图

舞楼：又名戏楼，坐南面北，两层重檐歇山式，灰筒板瓦顶，绿琉璃剪边，平面呈长方形，面阔五间，通面阔 20.55 米，进深三间，通进深 14.45 米，建筑通高 16.31 米。舞楼面南为门楼，一层明间及东、西次间设门，面北二层为舞台，可由两边的石砌踏道登临。舞楼檐下设米字形栱，为五踩单栱造，栱、翘均被雕刻成卷草状，要头被雕刻成龙首或象首，斗栱内栱均无栱及枋。舞楼二层雀替均被雕刻成各种吉祥图案，有龙、鹿、麒麟等瑞兽及牡丹、卷枝等花草，均为透雕，线条流畅，雕刻精美（图 3-71）。

大殿：重檐歇山式，灰筒板瓦顶，绿琉璃剪边，黄绿琉璃菱芯，平面呈长方形，前面设月台。大殿面阔五间带外廊，通面阔 21.18 米，进深八架椽带前后廊步，通进深 17.87 米，通高 18.42 米。大殿梁架为八架椽前带双步廊轩后带单步廊用五柱，内两金柱上承七架梁。一层斗栱为三踩单栱造，栱、翘均被雕刻成各种卷草形状，要头被雕刻成象首，无内栱及枋，一层雀替均被透雕成各种龙缠牡丹图案，线条流畅。二层斗栱为五踩单栱重昂造，栱均被雕刻成卷草状，要头被雕刻成龙首或

3-71 洛阳潞泽会馆舞楼

3-72 洛阳潞泽会馆大殿

象首（图 3-72）。

　　寝殿及东、西配殿：寝殿为两层单檐悬山式，绿琉璃筒板瓦屋面，平面呈长方形，面阔七间，通面阔 23.26 米，进深两间，通进深 9.75 米，通高 13.8 米。寝殿一层梁架为平梁上承楞木及木地板，二层梁架为五架椽带前檐双步廊。斗栱为五踩单栱重昂造，栱均被雕刻成各种卷草形状，要头被雕刻成龙首或象首。东、西配殿为两层单檐悬山式建筑，绿琉璃筒板瓦屋面，平面呈长方形，面阔三间，通面阔 8.86 米，进深两间，通进深 7.04 米，通高 12.19 米。配殿一层梁架为平梁上承楞木及木地板，二层梁架为四架椽带前檐单步廊。斗栱为三踩单栱造，栱、翘均被雕刻成卷草状，要头被雕刻成象首，无内披栱及枋。寝殿与东西配殿之间各设一楼梯间，宽 2.24 米，踏木梯可至二层。

　　东、西厢房：单檐悬山式，灰筒板瓦顶，绿琉璃剪边，平面呈长方形，面阔 21 间，通面阔 67.86 米，进深四架椽，通进深 5.5 米，通高 9.82

米。斗栱为三踩单栱造，栱、翘均被雕刻成卷草状，耍头被雕刻成象首，无内拽栱及枋，无平身科，在每间平板枋正中增设两根斜撑支顶于挑檐檩枋之下，以增强挑檐檩的荷载力，防止檩和枋弯垂。

西跨院之倒座：单檐硬山式，灰瓦顶，干槎瓦屋面，平面呈长方形，面阔五间，通面阔 15.47 米，进深一间，通进深 4.95 米，通高 5.6 米。梁架为五架梁上承三架梁。

西跨院之正房：单檐硬山式，灰瓦顶，干槎瓦屋面，平面呈长方形，面阔三间，通面阔 8.72 米，进深一间带前廊，通进深 6.67 米，通高 7.2 米，梁架为五架梁带前檐单步梁。

西跨院之东、西厢房：单檐硬山式，灰瓦顶，干槎瓦屋面，平面呈长方形，面阔三间，通面阔 8.04 米，通高 5.4 米。西厢房进深一间，4.21 米，梁架为五架梁上承三架梁。东厢房依主院西厢房后墙出双步梁，山面呈单坡状。

潞泽会馆规模宏大，布局严谨，建筑设计巧妙，工艺精湛，充分体现了我国清代会馆建筑的独特风格，具有重要的历史、科学、艺术、文化和社会价值。潞泽会馆是清代商业文明和晋商文化相结合的产物，是研究行业会馆建筑和豫晋商贸往来的实物资料，也是豫晋建筑文化、商业文化相互影响、相互融合的实物例证。潞泽会馆初为关帝庙，供奉关公，后改为会馆。因其西南和山陕会馆（清）相望，故潞泽会馆又称"东会馆"，山陕会馆亦称"西会馆"。

2.山陕会馆

山陕会馆位于洛阳市老城区九都东路 171 号，始建于清康熙年间（1662~1722 年）。会馆系当时山西、陕西两地巨商大贾筹资修建，历时十余载始成，占地 5000 余平方米，建筑面积 1895 平方米。据馆藏石碑记载，清康熙、雍正年间，秦、晋众商捐资，于洛阳南关校场街西建山陕会馆，至嘉庆年中，会馆因风雨剥蚀，颇有倾废，秦晋众商惧其湮废，逐重葺新之，维修建筑计正殿五间、拜殿五间、殿前牌坊一座、舞楼五间、照壁一座、东西门楼四间、配殿东西各三间、东西官厅各三间、香客住屋四院、山门三间、廊二十间，共费资"二万五千有奇"（图3-73）。

山陕会馆主体建筑及整体格局基本完好，坐北朝南，呈中轴线对称布局，重要建筑坐落在中轴线上，自南向北依次为琉璃照壁、山门、舞楼、石牌坊、拜殿和正殿，照壁和山门之间东西各设门楼和仪门，东门楼已毁。进山门后，院落内东西对称有廊房和官厅，正殿两侧设有配殿。另外，会馆内尚存碑刻、石狮等附属文物（图3-74）。山陕会馆是洛阳市保存较为完整的明清古建筑群之一，2006年被公布为第六批全国重

3-73 洛阳山陕会馆

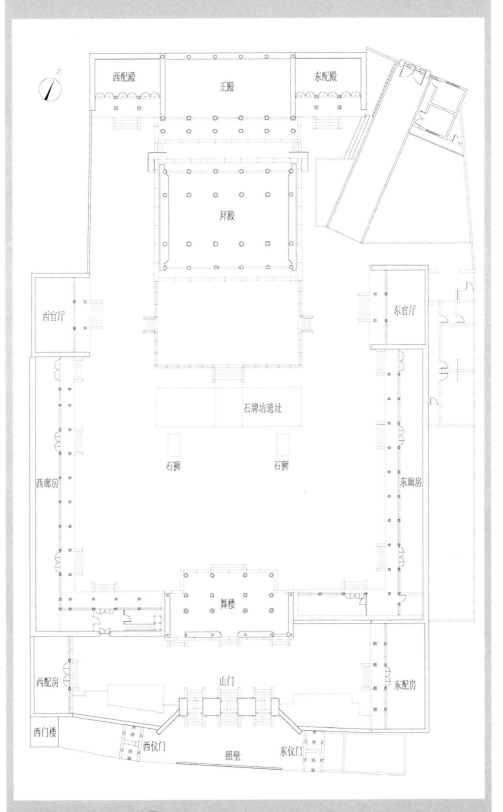

西配殿　　　正殿　　　东配殿

拜殿

西官厅　　　　　　　　　　　东官厅

石牌坊遗址

石狮　　　　　石狮

西廊房　　　　　　　　　　　东廊房

舞楼

西配房　　　山门　　　东配房

西门楼

西仪门　　　照壁　　　东仪门

3-74 洛阳山陕会馆平面示意图

点文物保护单位。

琉璃照壁：位于会馆中轴线最南端，宽13.2米、高7.6米，南面为素面青砖墙，北面墙面镶嵌琉璃构件。照壁自下而上由青石须弥座、壁身、硬山绿色琉璃瓦顶三部分组成。须弥座自下而上由圭脚、下枋、下枭、束腰、上枭、上枋组成，下枋浮雕连续卷草纹，下枭、上枭对称浮雕连续花卉图案，中间束腰饰高浮雕花卉、奇石、动物等图案。壁身中部和东西两侧由琉璃砖镶嵌图案三方，中心一方为二龙戏珠，人物、花卉、卷草纹围嵌四周，东侧一方为狻猊娱子，西侧一方为云龙戏水。照壁顶为琉璃筒板瓦顶，檐下设砖雕一斗三升斗栱及椽、飞，屋顶施琉璃牡丹花脊。照壁造型独特，工艺精美，保存完整，为豫西地区所罕见。

西门楼：照壁及山门之间两侧原有东西门楼各一座，为会馆的原入口，现仅存西门楼，面阔、进深均一间，南侧与南围墙相连，北侧与西围墙相接，门楼为单坡顶，外侧在青砖墙上辟石券门，门上镶嵌"山陕会馆"石匾一块，屋顶为灰筒板瓦顶，绿琉璃剪边，檐下施一斗二升交麻叶头斗栱，枋间置雕刻有花卉图案的驼墩。

东西仪门：照壁及山门之间两侧、东西门楼的内侧，现存东西仪门各一座，清代建筑，为四柱三间三楼式木牌楼，平面呈一字形。明间木柱置夹杆石，平板枋正中施九踩斗栱一攒，两次间平板枋正中施七踩斗栱各一攒，斗栱均出45°斜栱。仪门屋面做悬山式，绿琉璃筒板瓦顶，脊正中饰狮子宝瓶。东西仪门匾额上分别刻行书"西崤尚武"及"东瀍崇文"。

山门：面阔三间，进深一间，东西两侧砌筑八字墙与仪门连接。山门辟一正门、两侧门，均为青石拱券门。正面明间券脸石上饰卷草纹，其上镶石匾一方，上书"河东夫子"，门券两侧镶石楹联一对，上联"爵追王帝无贵贱皆宜顶礼"，下联"品是圣贤非忠孝漫许叩头"，两次间券脸石上饰二龙戏珠。山门背面明间拱券上方镶石匾，上书"河东夫子"。

山门明间屋顶挑起，略高于两次间，均为歇山式，灰筒板瓦顶，绿琉璃剪边，檐下枋间均饰木雕驼墩、垂莲柱、雀替等。

西配房：位于山门与舞楼之间院落的西侧，面阔三间，进深一间，为硬山式建筑，灰筒板瓦顶，抬梁式结构。明间用四扇隔扇门，次间为四扇槛窗。

东配房：位于山门与舞楼之间院落的东侧，面阔五间，进深两间，为硬山式建筑，灰筒板瓦顶，带前廊，抬梁式结构，门匾额上书"上阳琴院"四字。明间用四扇隔扇门，次间为四扇槛窗。

舞楼：又名戏楼，坐南向北，平面呈凸字形，建筑为两层。南面面阔五间，北面面阔三间，明间、两次间均为进深三间，两稍间进深两间。一层南侧辟三石拱券门。舞楼一层北面通敞，北檐柱下层为石柱，其他均为木柱。舞楼二层南墙开三窗，北侧敞开为戏台，南金柱间设隔扇将戏台和后台隔开，戏台上采用减柱造，减少了两根金柱，扩大了舞台的使用面积，西墙开小门，设木梯通西廊房上下戏楼。舞楼南面为庑殿式，北面为歇山式，均为灰筒板瓦顶，绿琉璃剪边，南北正脊之间有一横向脊相连，使其成为工字形脊。舞楼为抬梁式结构，两架五架梁结合在一起，两脊檩由一横向脊檩连接。前后檐施三踩单昂斗栱。舞楼外檐木构件均做雕刻装饰，图案有二龙戏珠、瑞禽猛兽、人物、缠枝花卉等，内容丰富。在梁、枋、檐檩、斗栱、栱眼壁上，彩画仍清晰可见，是具有地方手法的旋子彩画，枋心绘瑞兽、花卉等图案，脊饰均为琉璃构件，多为高浮雕龙、凤、瑞兽、花卉等（图3-75）。

东、西廊房：位于舞楼与大殿之间东西两侧。平面呈L形与舞楼相接，东西向十一间，南北向五间，转角处一间，进深一间带前廊。廊房为硬山式建筑，抬梁式结构，灰筒板瓦顶。西廊房设有木楼梯可登舞楼。

东西官厅：位于东西廊房的北端，面阔三间，进深一间带前廊，硬山式建筑，灰筒板瓦顶，抬梁式结构，明间老檐柱间为四扇隔扇门，两

3-75 洛阳山陕会馆舞楼

次间为四扇槛窗。

拜殿：会馆的主体建筑，坐北向南，面阔五间，进深三间，单檐歇山式，灰筒板瓦顶，绿琉璃剪边。殿前置月台，三面均设有石阶。拜殿为抬梁式结构，七架梁带前后双步梁，檐下施五踩重昂计心造斗栱，每跳均出 45° 斜昂，襻间施一斗三升斗栱。前檐柱下用青石圆雕狮子驮仰莲柱础，额枋透雕云龙、八仙、瑞兽等图案，斗栱、平板枋、栱眼壁、檐檩、挑檐檩上存清代旋子点金彩画。后檐隔扇门裙板上，分别浮雕八仙人物及卷草。殿内现存匾额三块，分别为乾隆八年（1743 年）立"峻德参天"金匾，道光五年（1825 年）立"人伦师表"金匾，道光十六年（1836 年）立"英风峻德"金匾，匾框均为透雕金龙缠绕及缠枝花卉图案（图 3-76）。

正殿：会馆轴线上最后一座建筑，与拜殿紧临，单檐悬山式，灰筒板瓦顶，绿琉璃菱芯及剪边，面阔五间，进深两间。抬梁式结构，七架梁带前檐单步梁。檐下施五踩重昂计心造斗栱，出 45° 斜昂。前檐柱下圆雕龙驮莲花及虎牛驮莲花柱础，莲花瓣上，分别刻有四种字体的"寿"

3-76 洛阳山陕会馆拜殿

字。平板枋、挑檐檩和殿内梁、檩均为清代所绘旋子点金彩画，梁下枋心彩绘龙穿牡丹、凤穿牡丹、麒麟及多宝图案等。

东西配殿：分别位于正殿东西两侧，单檐悬山式，两层，绿琉璃筒板瓦顶。面阔三间，进深一间，抬梁式结构，一层次间设木扶梯可至二层。檐下施三踩斗栱，出45°斜栱。梁上枋间施旋子彩画。

石牌坊：位于拜殿月台之前，现仅存抱鼓石、条石基础。

石狮：位于石牌坊前，东西各一尊，面南而立，通高3.8米，东雄西雌。石狮分两部分，下部为须弥座，上下枭雕刻仰覆莲，束腰四面浮雕瑞兽，石狮蹲坐于须弥座之上，雄狮右爪持绣球，口含宝珠，母狮背负幼狮，左爪下伏幼狮。

碑刻：现存清代石碑五通，分别为道光十五年（1835年）《东都山陕西会馆碑记》一通、道光十八年（1838年）《东都马市街山陕西众商积金建社碑记》一通、道光二十六年（1846年）捐资碑二通、咸丰二年（1852年）《山陕会馆关圣帝君仪仗记》一通。碑刻记录了清嘉庆、道光、咸丰年间建设、维修会馆及商号、个人捐资的情况。

洛阳山陕会馆是豫西地区为数不多的、保存较为完整的清代早期建筑群之一，是洛阳历史上商业发达、经济繁荣的见证，也是山陕商人互通商情、在豫商业经营活动的见证。特别是《东都山陕西会馆碑记》与《东都马市街山陕西众商积金建社碑记》，里面有协盛玉、大聚隆等茶号参与捐资修建会馆的记录，是山陕会馆作为万里茶道文化遗产的直接证据。

3.关林

关林位于洛阳市城南7公里的关林镇，北依隋唐故城，南临龙门石窟，西望熊耳山，东傍伊水，是武圣关羽的葬首之所，也是我国唯一的林、庙合祀的古建筑群。关林的创建年代，据明万历二十四年（1596年）碑文《重建关王冢庙记》记载："洛阳县南门外离城十里，有关王大冢，内葬灵首，汉时有庙，及今年久毁坏。"另外，明万历二十五年《创塑神像壁记》载："按《三国志》所载，洛城南十五里许，有汉寿亭侯之元冢。夷考当时，盖以王礼葬也。汉至今，耿耿不磨，代代有宗，封显谥帝。我皇上御极，屡勤忠义，以翊国祚，乃敕封'协天大帝护国真君'，而元冢依然如汉制。洛国王疏请创建殿宇，以为栖神之所。不日，寝宫落成，西配殿工竣，……于后寝宫塑像七尊，工始于二十一年，逾年告成。"据此可知，关林始建于汉代，重修于明万历二十一年（1593年）。洛阳关林是朝廷礼制的祭祀庙宇，其与当阳关陵、山西解州关帝庙一起有祖庙的美称。关林历代称呼不一，据庙内现存碑记所载，在宋元时关林称"关王冢庙"，到明万历时，关羽封帝，关林称"关帝陵庙"，顺治五年敕封关羽"忠义神武关圣大帝"，康熙五年敕封洛阳关帝陵为"忠义神武关圣大帝林"，始称关林，成为与山东曲阜孔林并肩而立的圣域。

现存的关林，无论是建筑格局还是殿堂结构仍然保留了明清时期的风格，坐北朝南，占地180亩，四进院落，呈中轴对称布局，现存明清殿宇廊庑150余间。中轴线上自南向北依次是舞楼、大门、仪门、拜殿及大殿、二殿、三殿、石牌坊、碑亭、墓冢，钟楼、鼓楼、焚香炉等其他建筑左右对称。建筑布局严谨有序，错落有致，是中国古代帝王陵园建筑群的代表作（图3-77）。

舞楼：又称千秋鉴楼，清乾隆五十六年（1791年）由山陕商人施银添建，与关林大门相对，坐南朝北，为高台建筑，平面布局呈凸字形，突出的部分为戏台，面阔三间，重檐歇山式，绿琉璃筒板瓦屋面，檐下施五踩重栱重昂斗栱，二层檐下悬"千秋鉴"三字匾。后台面阔五间，为演员化妆和休息室，单檐硬山式，绿琉璃筒板瓦屋面。后台前檐设隔扇门及槛窗与戏台相隔，两山面各设一内方外圆直棂窗，山墙置砖墀头（图3-78）。

大门：为整个院落的第一座建筑，现为关林的入口，建于清乾隆

3-77 洛阳关林

3-78 关林戏楼

五十六年（1791 年），单檐硬山式，绿琉璃筒板瓦屋面，面阔五间，进深两间，设有中柱，前后各为双步梁上承单步梁，梁插于中柱之上。装修置于中柱间，明间设双扇板门，每扇镶九横九纵乳钉，次间为墙体封闭，稍间各设双扇素面板门。正脊为龙纹脊筒，两端置吻，中间置狮子宝瓶。大门东西两侧出八字墙，分别写有"忠义"、"仁勇"四个篆字。

仪门：位于大门之后，建于明万历年间，原为明代关帝庙大门，清代改称仪门，是文官到此下轿、武官到此下马之地。建筑与大门形制相近，单檐硬山式，灰筒板瓦屋面，绿琉璃菱芯，面阔五间，进深两间，设有中柱，前后各为双步梁上承单步梁，梁插于中柱之上。装修置于中柱间，明间及两稍间各设双扇板门，次间为墙体封闭。正脊为龙纹脊筒，两端置吻。门额之上悬"威扬六合"四字匾，为慈禧太后御笔所书。东西次间与稍间的隔墙上各镶一方刻石，东为"关圣帝君像"，西为"关帝诗竹"，竹叶点缀成诗：不谢东君意，丹青独立名，莫嫌孤叶淡，终久不凋零。

钟楼、鼓楼：对称建于大殿前方东西两边，建筑形制与结构相同，均为高台楼阁式建筑，砖砌台基，平面呈正方形，长宽均为8.5米，高4.05米。台基之上为重檐十字脊歇山式建筑，一层带围廊，正面开一券门，后墙开一方窗，二层墙体四面各开一方窗，一层檐下置一斗二升交麻叶头斗栱，二层檐下置三踩重栱单昂斗栱。绿琉璃筒板瓦屋面，十字正脊交叉处置宝瓶。钟楼的台基西壁上，镶嵌着由8块青石组合成的《关圣帝君新绛警世文》碑刻，鼓楼台基东壁上，镶嵌四方施财碑记。钟楼上悬挂一口万历壬寅年（1602年）所铸铜钟。

焚香炉：位于通往大殿甬道两旁，东西各一，始建于清乾隆五十六年（1791年），为焚香燃箔之处。明清时期，关林每年都要举行春秋二祭，祭祀一般在拜殿前进行，为了预防火患，保证周围建筑安全，在甬道两侧建焚香炉两座，所进香火纸箔均投入炉内进行燃烧。焚香炉为砖砌仿木构建筑形式，建于砖砌须弥座台基之上，平面呈方形，攒尖顶，绿琉璃筒板瓦屋面，腹部中空，为祭祀焚香之用。台基束腰部位浮雕双龙、麒麟等纹饰。炉正面刻五扇六抹隔扇门，中间门扇下半部为炉口，其余三面有腾龙戏珠、松树麒麟、双狮戏绣球和岁寒三友等砖雕装饰。

拜殿、大殿：两殿采用勾连搭形式合为一体，前为拜殿，后为大殿，是关林的主体建筑，位于关林的中心部位（图3-79）。拜殿为单檐卷棚硬山式，绿琉璃筒板瓦屋面，砖木结构，面阔五间，进深一间，构架为六架梁上承四架梁及月梁。拜殿前檐无装修，空间敞开，殿前设月台，为每年春秋祭祀关羽时谒拜之所，殿中悬挂慈禧所书"气壮嵩高"四字匾，另有"翌汉表神功龙门并峻，扶纲伸浩气伊水同流"对联一幅。大殿为单檐庑殿式，绿琉璃筒板瓦屋面，砖木结构，面阔七间，进深四间，檐下施七踩重栱三重昂斗栱，殿内檩枋之间置一斗二升交麻叶襻间斗栱。殿内悬乾隆御书"声灵于铄"四字匾。外檐雀替形态各异，一般雕刻为吉祥动物或花鸟图案，梁架上均施黑白两色，绘龙、凤及各式花纹。前

3-79 关林大殿

檐明间和两次间设四扇隔扇门，两稍间为四扇槛窗，两尽间为墙体，开木棂格方窗，后檐次间、稍间及尽间均为墙体，仅在明间设四扇门。

二殿：位于大殿之后，建于明万历二十年（1592 年），是关林现存建筑中始建年代最早的殿宇之一，单檐庑殿式，灰筒板瓦屋面，绿琉璃菱芯，面阔五间，进深两间，檐下施斗栱，前檐明间及两次间各设四扇隔扇门，两稍间各设四扇槛窗。明间门上悬挂光绪皇帝御书"光昭日月"四字匾。

三殿：是关林中轴线上最后一座殿宇，建于清嘉庆二十二年（1817 年），因殿内原塑有关羽睡像，故称"寝殿"，是依照中国传统宫殿建筑的前朝后寝制度而建。三殿为单檐硬山式，绿琉璃筒板瓦屋面，面阔五间，进深三间，殿前设月台，月台东西两侧各设三级台阶。三殿构架为五架梁上承三架梁并前后出单步梁用四柱。前后檐施五踩重栱重昂斗栱，前檐昂头、耍头雕刻为龙首状。三殿前檐装修明间及两次间均为四扇六抹隔扇门，两稍间为四扇槛窗。明、次间门额上绘"三英战吕布"、"威震荆州"和"长沙战黄忠"等故事场面，稍间窗顶饰黑白色神话故事图案，东侧为"东方朔盗桃"，西侧为"禹王锁蛟"。檐下额枋上自东向西依次彩绘"曹营观马"、"曹刘结合"、"怒斩貂蝉"、"借宿胡府"、"收关平"等九幅三国人物故事图案。后檐设四扇板门。

碑亭：位于三殿后墓冢前，亭内竖关圣帝君行实封号碑，碑及碑亭均筑于康熙五年（1666年）。碑亭平面呈八角形，木结构，屋顶为八角攒尖与悬山式的结合，非常罕见，颇具特色。柱头额枋镂空雕刻狮滚绣球、二龙戏珠、富贵牡丹等图案，檐下密排十一踩五昂斗栱。绿琉璃筒板瓦屋面，悬山顶正脊两端设吻，脊正中置狮子宝瓶。亭内立石碑一通，高近4.8米，龟跌座，碑首雕刻盘龙，碑额篆书"效封碑记"四字，碑阳正书"忠义神武灵佑仁勇威显关圣大帝林"，为道光元年（1821年）磨石重刻的关羽最高封号，碑阴是康熙五年董笃行撰写的《关圣帝君行实封号碑记》。

关林作为人们祭拜关羽的场所，不仅是一处规模宏大的建筑群，而且还承载着悠久的历史文化和深厚的情感。作为关羽同乡的山西商人，不仅崇奉关羽，以关羽为荣，而且愿意出资出力，在商业活动涉足的地方建庙修庙，推广忠、义、仁、勇及诚信精神。关林在修建的历史中多有晋商出资之事，院内现存的大量古碑刻有着详细的记载。作为传播民间文化的载体，关林具有重要的历史、科学、艺术、文化和社会价值。

四 济源市万里茶道相关遗产

　　茶在贸易贩运过程中有一条经由济源西北部越太行山自河南入山西的孔道，即轵关陉，前文在描述茶道线路时有所提及（图3-80）。轵关陉是豫冀两省向北向西越太行入晋必经的"太行八陉"第一陉，史载，纵横家苏秦论天下形势时，曾有"秦下轵道则南阳动"的说法，语中的轵道就是轵关陉，其起始于今天济源的轵城镇，终止于山西的侯马。轵关陉的名称与作为古道起点的轵城有着密切的联系，轵城为春秋战国时期的轵国所在地，曾先为韩国的都城，后又为魏国的重镇，该城雄踞南岭之阴，北踞太行、王屋之险，南以黄河为天堑，东连河朔覃怀，西接晋地，凭西部轵关陉封门天险，使轵城成为扼守洛京的军事重镇。

　　轵关位于济源城西22公里处的封门村村东，关当孔道，因曰轵关，俗称封门口，所处位置为两山相夹，形势险峻，当豫晋交通之要冲，自古为用兵之地，战国时即置关口（图3-81）。秦昭王四十三年（前264

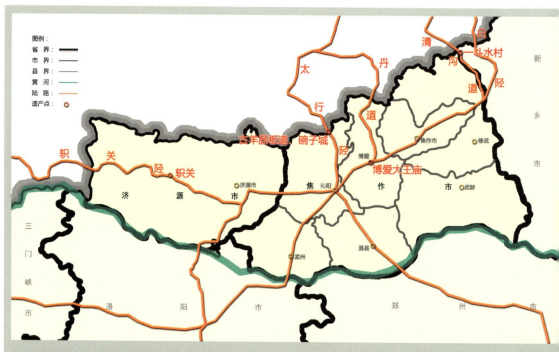

3-80 济源市、焦作市茶道线路及遗产分布图

3-81 济源轵关

年），白起率秦军下轵道，破轵关而南下，攻城掠地，收降韩国野王。
轵关现尚存有遗迹，关口两侧山体文化层丰富，保留有从关口沿山脊向
上修建的关墙遗迹，陶片、砖瓦等建筑构件残片随处可见。

五　焦作市万里茶道相关遗产

　　万里茶道主线渡黄河后进入焦作市，越太行山进入山西省。古代连
接豫晋最主要的一条通道"太行八陉"之太行陉，即位于现焦作沁阳市。
另外，经现博爱向北越太行入山西晋城的丹道及经修武向北越太行入山
西陵川的清沟道也是明清较为重要的通道。焦作越太行山主要的三条通
道自西南向东北依次为太行道、丹道、清沟道。

（一）太行道

　　太行道经由"太行八陉"之太行陉，前文有所提及，其南起河南省

沁阳市，北至晋城泽州县，崇山峻岭间，孔道如丝，蜿蜒盘绕，"北达京师，南通河洛"，是我国古代一条军事、商贸和文化交流的大动脉，也是豫晋主要的一条通道。据史书记载，此起泽州县天井关、南至河南省沁阳常平村之间的太行道，山路盘绕似羊肠，关隘林立若星辰，地理位置十分重要。特别是天井关，更是天下名关，古人称"形胜名天下，危关压太行"。

太行道全长100多公里，最险要处是沁阳常平村到泽州天井关村这一段。在这四十华里中，太行陉由沁河平原上升到相对高度1500多米的太行之巅，所经之处，崇山峻岭，瀑流湍急，实为险隘。这条通道是古官道所在，也是贩茶所经的主要通道。

茶道经太行道的路线为：越黄河古孟津渡后经孟州市入沁阳市常平村，经古羊肠坂及碗子城进入山西省，经拦车、晋庙铺镇入古泽州。

太行陉现尚存大量遗迹，河南境内有古羊肠坂道、碗子城等关卡遗迹以及一些修路题记等。

1. 古羊肠坂道

古羊肠坂道位于沁阳市北25公里的常平乡常平村北碗子城山，地处豫晋两省交界，坂道南起常平村，北接山西晋城大口村，地势险要，古为京洛孔道、豫晋交通的咽喉。《李义山文集》中"河内名邦，覃怀巨郡，南蕃凤阙，北控羊肠"的羊肠即指此地。坂道在山间崎岖缠绕，因形似羊肠而得名。羊肠坂道河南段部分南起常平村，北至山西碗城村，长约4公里，为人工以块石铺砌，宽2~4米。

2. 关堡遗迹

古羊肠坂道地势险峻，战略位置极为重要，历来为兵家必争之地，历代也多在此筑城设卡、派兵驻守。文献中唐初即有筑城设关的明确记载，清道光五年（1825年）《河内县志》载："碗子城山，旧志云，在城北五十里，山势险峻，其路羊肠百折，中有平地，仅一亩许，唐初筑城以控怀庆、泽州之冲，其城甚小，故名。有羊肠坡焉，曹学佺《天下名胜志》云：碗子城关在太行山畔，羊肠所经，瀑布悬流实险隘之地也。顾祖禹《读史方舆纪要》云：太行山畔，羊肠所经，上有古城，亦曰碗子城关。"关堡现尚存有4处遗迹，其中两处仅存有建筑基址或搭建建筑的痕迹，另外两处保存较好，石砌城垣尚存，一处是碗子城，一处是孟良寨。

碗子城在碗子城山脊靠下，城堡依山而建，"状如碗然，故云碗子城"。城垣由青石垒成，东西长50米、南北阔25米，城墙高5~7米、宽4米，依山傍谷。羊肠坂道从碗子城中穿过，城一侧为陡峭山体，一侧为悬崖，是太行陉的咽喉通道和关隘。城南、北各辟一门，门洞之上原留有题额，上书"北达京师"、"南通伊洛"，现石刻题额已经不存（图3-82）。

孟良寨位于碗子城山东侧山腰，坂道下线从寨堡中穿过。寨堡北面依山，其他三面以块石砌筑，内置石梯道可登城墙上。寨堡平面近方形，墙高约4米、厚0.63米，东西两面开门洞，堡内北侧残存有房屋石基址。

3-82 沁阳碗子城及古羊肠坂道

3-83 沁阳古羊肠坂题刻

3. 摩崖题记及造像

"古羊肠坂"摩崖题记位于碗子城西南羊肠坂道旁的山体上，宽约3米、高约0.8米，中间楷书阴刻"古羊肠坂"四字，传为清代翁同龢所书，右题刻石时间为"大清同治初元年"（图3-83）。

沿羊肠坂道一侧的崖壁上还存有两处元代修路题记，残存的字均为阴刻，字迹分别为"元统二年（1334年）九月初，河内县赵显祖修太行山路记"和"至正十二年（1352年）"，两题记之间有一佛龛，内雕一佛二菩萨，系元代时期造像。另外尚残存有一些佛龛，龛内无造像[1]。

（二）丹道

在今焦作市西北博爱县境内，大部分道路位于丹河河谷内，故称丹

1　田中华、靳爱萍：《沁阳文物》，郑州：中州古籍出版社，2008年。

道。丹河发源于山西省高平市，自北向南蜿蜒曲折穿绕在群山之中。丹道在沁阳、博爱境内行走较易，进入山西境内到柳树口之间则行于山脊山谷间，较为艰难。《水经注》载引《晋书·地道记》曰："县有太行关，丹溪为关之东谷。"即指丹道在太行道以东的山谷间。《凤台县志》载："柳树隘，即丹谷垒。城东南八十里，路通河内清化镇（今为博爱县城）。明置巡检司。"说明丹道是联系柳树隘和清化镇之间的一条道路。柳树隘，又名柳树店，今称柳树口，为丹道的北口，今属山西省晋城市泽州县柳树口镇。

丹道是太行道的一条辅助线路，其大致走向为出沁阳向东北入博爱，走柏山镇、清化镇、茶棚村、寨豁镇，向北越太行山豫晋省界，经张路口、柳树口至晋城。现237省道基本沿丹道修筑，人为因素破坏较大，丹道沿线基本没留下茶道相关遗产。

（三）清沟道

清沟道在清代曾作为一条重要的通道存在，是并行于白陉且联系河南修武县与山西陵川县的重要交通要道。其南起修武县的铁匠庄，经修武县，入太行山经兴隆掌、一斗水村，越太行入山西，经夺火、潞城入陵川，向北至长治。清沟道现存有石板道、关卡、古村落、古碑刻等遗迹。

1.石板道遗迹

清沟道在河南境内现存石板道尚有三段保存较好，共长十余公里，路面宽窄不一，多在2.5~4.5米，个别点段最窄至1.5米、最宽处达5米。路面以块石铺筑，较为平整，路两侧以较大较规整块石筑有路牙，道路沿山腰行走时，则在山坡的一侧筑路牙，且高出路面约0.6米，起到挡墙作用（图3-84）。路面上特别是较陡的段落，横向以片石砌有石坎，高出路面约0.1米，坎与坎之间相隔数米不等，坡度较大的地方比较密集，坡度较缓较平整的地段则较为稀疏。坎的作用主要是防止行人及驮行货物的骡马打滑（图3-85）。清沟道保存最好的是清沟山山口至山顶关

3-84 焦作清沟道石板路之一

3-85 焦作清沟道石板路之二

帝庙一段，全长近 10 公里，相对海拔近千米，道路依山势迂回盘绕至山顶，当地群众称其为"十八盘"。

2.关卡遗迹

清沟道作为晋豫之间重要的商业通道及军事要道，历代多设置有关卡把守。河南境内现存有两处关卡遗迹，均在清沟的北端，此处道路狭窄，设置关卡即切断了南北往来的交通。关卡处存有人工垒砌的石墙体、人工开凿的痕迹及安插构件的卯口等建筑遗迹。

3. 一斗水村

一斗水村位于修武县北部太行山顶的山沟内，村北有一泉井，即使天旱也不干涸，但每次只能取水一斗而得名，井旁有一通重修井泉碑记，过往商旅行人至此，必休憩取水而饮，该村也逐渐出现了客栈、骡马店、商店和饭店等商业服务设施。现村中仍保存有两座颇具规模的院落，即李家大院和贾家大院。

李家大院：始建于1845年，院落呈正方形，是一个典型的四合院（图3-86），占地面积484平方米，建筑面积340平方米，拥有上下两层共

3-86 焦作一斗水村李家大院

34 间。房屋均为硬山式建筑，灰瓦顶，全部由打凿规整的青石砌筑，建筑外墙正面门窗两侧墙体穿插使用红石砌筑，增强了建筑整体的美感。门、窗、门楣、槛框等部位石木构件多有雕刻，工艺细腻，图案美观大方。

贾家大院：始建于 1850 年，院落也呈正方形，典型的四合院布局，占地面积 528 平方米，建筑面积 320 平方米，拥有上下两层共 32 间，房屋均为硬山式建筑，灰瓦顶，全部由打凿规整的青石砌筑（图 3-87）。

关帝庙：位于村南山顶，由以前当地村民和过往商人集资修建。据庙内保存的碑刻所载，关帝庙创修于乾隆三十年（1765 年），并经历嘉庆、道光、咸丰等年间多次重修及扩建而至现在的规模（图 3-88）。关帝庙坐北面南，占地约 700 平方米，两进院落，整体呈中轴线对称布局，中轴线上自南向北依次为戏楼、大殿和后殿。戏楼为大清道光二十一年

3-87 焦作—斗水村贾家大院

3-88 焦作—斗水村关帝庙

（1841年）重修，面阔五间，进深一间，两层硬山式建筑，灰瓦顶，干槎瓦屋面，一层明间为通道，二层中间三间为朝向大殿的戏台，东西两稍间为更衣室。从戏楼进入一进院，紧临戏楼为东西看楼，面阔三间，进深一间，两层硬山式建筑，灰瓦顶，干槎瓦屋面。看楼向北为东西相对的牛王庙和马王庙，乾隆四十四年（1779年）修建，面阔六间，进深一间，硬山式建筑，灰瓦顶，干槎瓦屋面。一进院正房为关帝庙大殿，面阔三间，进深四架椽带前檐外廊，硬山式建筑，灰瓦顶，筒板瓦屋面，前檐柱施透雕祥龙雀替，前檐金柱明次三间各施四扇格扇门。大殿后为二进院，东西各为厢房，面阔三间，进深一间，硬山式建筑，灰瓦顶，干槎瓦屋面。二进院正房为后殿，面阔三间，进深四架椽带前廊，两层硬山式建筑，灰瓦顶，干槎瓦屋面，后殿两旁各有一间耳房，西耳房已完全坍塌，东耳房屋顶坍塌。另外，在一进院东修建有一跨院，自东看楼一层进入，南北各三间，均为两侧硬山式建筑，屋顶已坍塌。关帝庙虽已废弃,建筑毁坏严重,但建筑群整体格局完整,各单体建筑构架均存。关帝庙建筑群融合了河南北部地方特色及山西建筑工艺,具有重要的历史、科学和艺术价值,其柱础、券窗等石雕,墀头、脊饰等砖雕,阑额、雀替、斗拱等木雕,极具特色。

古碑刻:一斗水村现存有大量古碑刻,特别是关帝庙内,尚有记事碑、功德碑共十余通,多记述修建关帝庙各殿宇的情况及捐献情况,涉及当地居民和峪河口面行、文兴号、人兴店、立兴店等商家,其中一通碑立于庙前,六通碑镶于一进院戏楼前台地的墙壁上。二进院内房屋坍塌,垃圾堆积严重,尚有几通碑埋于其中。另外,一斗水泉旁镶有一通碑刻,即大中丙寅十五年六月的《重修井泉碑序》碑。这些碑刻见证了清沟道在古代交通中的繁盛及一斗水村在这条交通要道上的重要地位[1]。

六 其他相关遗迹

明清时期不同时段及不同茶商贩运茶叶所走的道路多有不同,并在沿线遗留下大量的文化遗产,但因水陆交通的兴衰,所走的线路也多有变化,遗迹也多有功能变更甚至废弃,零星分布于茶道之上。另外,因实物资料及文献资料的匮乏,无法明确断定一些茶叶贸易运输线路,仅能判断线路局部的一些遗迹与茶叶贸易相关。对这些情况做如下简单介绍。

1 罗火金等:《太行古道——清沟道调查报告》,《洛阳考古》2013年第3期。

（一）社旗—襄城—郑州—汜水线相关遗产

《行商遗要》中明确记载了水路入赊店古镇转陆路的一条线路，即经社旗、方城、叶县、襄县、颖桥、石固、新郑、郑州、荥阳县、汜水县，汜水古渡口渡过黄河，然后经温县、沁阳，越太行经拦车直至泽州祁。叶县以南线路的相关遗迹前文中已有描述，襄县向北线路上的相关遗迹保存较少，但这些实物资料也是这条曾经繁华的商道的历史见证（图3-89、3-90）。

1. 襄县古城

襄县（现为襄城县）历史悠久，其南临汝水，北依宛洛古道，是古代连接荆楚与陕洛的交通要道。原古城东西长约4000米、南北宽约3000米，现尚存有明代重修古城墙，残长2297米、高6.8米、基部宽15米、

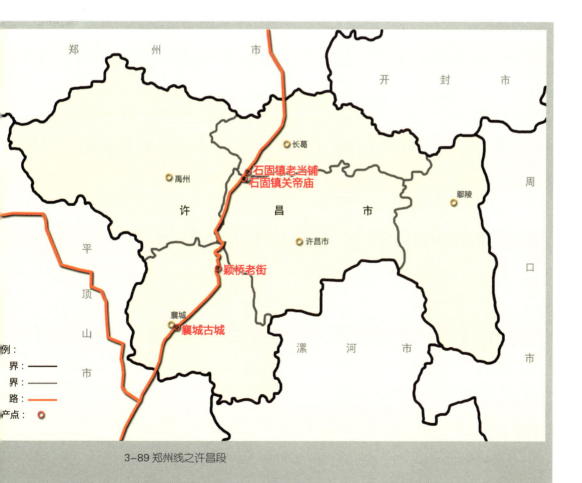

3-89 郑州线之许昌段

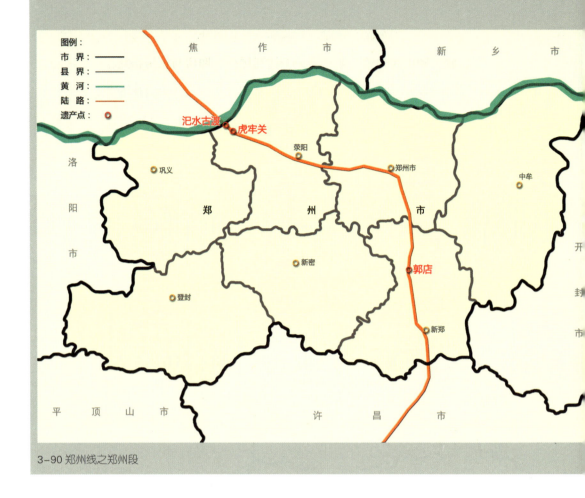

3-90 郑州线之郑州段

上部宽 8 米，城墙外部根基用长条形红石垒砌，内以黄土夯筑，外砌青砖。城墙西门为砖砌拱券，门外设瓮城，平面呈半圆形，西南方向设门。古城内现北大街两侧仍保留有十余座古商铺，均为硬山式建筑，灰瓦顶，干槎瓦屋面，或一层或两层，前檐为铺板门，山墙设墀头。古商铺留存不多，是古代襄县城繁华的实物例证。

2. 石固白公桥碑记

此碑现存石固镇，为一修桥碑记，已残，现存阴刻碑文中记载有颖驿移驻石固镇的历史事件，说明了当时颖桥及石固均是这条商路上的重要驿站，是对《行商遗要》中贩茶道路上在这两处地方停留打尖的佐证。

3. 石固关帝庙及当铺

石固关帝庙及当铺均位于长葛市石固镇内，创建年代及原规模格局不可考。关帝庙现仅存正房及厢房。正房面阔五间,两层,一层前檐带廊,硬山式建筑,灰瓦顶,干槎瓦屋面。厢房与正房稍间相接,面阔三间,两层,硬山式建筑,灰瓦顶,干槎瓦屋面。当铺传为晋商所开,现仅存正房一座,硬山式建筑,灰瓦顶,干槎瓦屋面,面阔三间,进深四架椽带前廊,脊檩下枋留有"大清乾隆十四年(1749年)岁次巳已贰月贰拾贰日卯时上梁"题记。

(二)《行商遗要》所载茶道相关遗产点

赊旗镇作为当时的货物集散中心,通过水路上岸的货物自赊旗向北方发散辐射运输,《行商遗要》之"赊镇发货总论"中提到的赊发汝、禹、襄、北舞渡等地,汝、禹、襄三地货物可沿前面所述运往洛阳的线路,北舞渡为明清时期一重要水陆转运码头,是豫中货物集散地,史载:"北通汝洛,南联宛襄……江南山货,东方海盐,由此中转。"明清两代,北舞渡镇借沙河四季通航的便利,成为水陆交通要道,"陆行者易舟,舟行者易乐","山陕府引商之南,之至而雨集"。鼎盛时期,北舞渡镇的商号多达500余家,素有"拉不完的赊旗店,填不满的北舞渡"之称。其时北舞渡被誉为中州巨镇,名扬周边数省,拥有"日进斗金、九门九关小北京"的盛名。《行商遗要》中没有提到自北舞渡北行的线路,但其既然因沙河水运而兴,茶叶汇集于此后当沿沙河顺流而下至周口,向东入淮,向北则沿贾鲁河北上通郑、汴。

北舞渡现存有山陕会馆(图3-91),是山陕商人捐资兴建而成,创建于清雍正年间,乾隆十八年(1753年)时已成为包括照壁、铁旗杆、戏楼、钟鼓楼、拜殿、大殿、春秋楼、配殿等建筑在内的庞大的古建筑群。但由于自然损毁及人为破坏,现仅存牌楼(图3-92)、拜殿及左、右配殿。院内还珍藏着多通碑刻,其中清同治六年(1867年)《重建关帝庙正殿并补修各殿碑记》记载了宝聚公、谦泰兴、乾裕魁、大德常、宝聚公、独慎玉等多家茶号的捐资情况,可见当时有多个茶商在此经营

3-91 北舞渡山陕会馆

3-92 北舞渡山陕会馆牌楼

贩运茶叶。另外，碑刻上还记载了设在赊旗镇的蔚盛长票号的捐资情况，从侧面佐证了北舞渡当时经济活动的繁荣。此碑是不可多得的实物资料。

第四章
万里茶道河南段文化遗产相关研究

万里茶道的枢纽：赊店

社旗县文物旅游局　张春岭

社旗县赊店镇位于河南省西南部、南阳盆地东北部，古称赊旗店、赊旗镇，因东汉光武帝刘秀曾在此"赊旗访将，起师反莽"而得名，始于汉，兴于明，盛于清，至今已有约 2000 年的历史。明清时期是驰名全国的水陆码头，清乾隆年间达到鼎盛，人口达 13 万之多，各类商铺达 1000 多家，其中晋商 400 多家。曾与朱仙镇、周口镇、道口镇并称为中原四大商业重镇，素有"天下店，数赊店"之美誉。2007 年被公布为国家级历史文化名镇，是国家 AAAA 级旅游景区。

（一）水路终点，陆路起点 成就赊店茶道枢纽地位

作为一条贯通南北的国际商贸通道，万里茶道自福建武夷山下梅村起，运输茶叶至江西河口，水运到汉口，经由襄樊、唐河北上至赊店镇，再换马帮驮运，走洛阳、晋城、长治、到祁县，再经过太原、大同、张家口到达归化，换驼队经过库伦，抵达恰克图，再分送到俄国的各大城市。在这条总长 5000 多公里、途经 200 多座城市的茶叶之路上，赊店镇是不可替代的中转站，堪称万里茶道枢纽。

光绪《南阳县志》载："淯水以东，唐泌之间，赊旗店亦豫南巨镇也，……地濒赭水，北走汴洛，南船北马，总集百货，尤多秦晋盐茶大贾。"清同治《筹办夷务始末》记载，安徽建德所产之千两朱兰茶"专由茶商由建德贩至河南十家店（赊店古时亦称十家店），由十家店发至山西祁县、忻州，由忻州而至归化，专贩与向走西疆之商，运至乌鲁木齐、塔尔巴哈台等处售卖"。

近年发现的《行商遗要》对赊店的记载更为详细。《行商遗要》共分71小节，而赊旗出现在小节标题中共有13处之多，如"（十六）樊城发赊水解例底、（十七）赊镇发货总论、（十八）赊各路脚价挨次成规例底"。在"赊镇发货总论"中写道："（属河南南阳府南阳县管）世处码头，百货皆聚，陆路为首。在彼发货之人，更宜精细活便，不可值滞，而道路甚多，脚价涨、吊不等。""祁至安化水陆路程底"记载："祁至赊店十九站，计陆路一千三百五十五里……赊至樊计水路三百四十五里。"

除此之外，在记载有关禹州、襄县、汝州的有关事宜时，《行商遗要》都要标明它们与赊旗的距离，如"禹距赊三百二十里"、"襄距赊二百三十里"等等，表明了赊店这一中转站的独特地位。

自汉口启航的船，到赊店泊岸。专家研究发现，茶叶自汉口进入赊店，从赊店出发，向北、东、西北延伸，形成了四条茶路。第一条路先向北，然后到山东，沿着运河到天津到朝鲜半岛；第二条路从赊店往北走，走郑州到开封，然后向河北的方向去北京，继续向北到齐齐哈尔，最后直至西伯利亚；第三条是从赊店到洛阳，然后过黄河到山西晋中等地，走张家口，经蒙古直到俄罗斯。第四条是主线，从赊店走洛阳，经山西杀虎口到呼和浩特、库伦绕过贝加尔湖，经西伯利亚直到圣彼得堡，这一条就是我们常说的万里茶道。

（二）保存完好的茶道文化遗存

作为万里茶道枢纽，除茶叶生产、加工之外，赊店镇保存有较为完备的茶道文化遗存。

1. 航道、码头、道路、桥梁

唐河是长江流域汉江区唐白河水系的两大支流之一，是沟通南北水旱交通的重要水路，也是万里茶道在豫西南地区的重要航道。赊店镇由此成为长江水系航运最北端的出口及连接陆路的起点，具有他处无法比拟的地理优势。为了适应唐河航道，当年建造了当地人称为"扁子"的特殊中型货船。《南阳交通志》记载："（扁子）结构特点是船身窄长，底平，吃水浅，船速快。一般为楸、杉木制造。有船体、船舱、船底等部分，船上工具有桅杆、帆、舵、篙、锚、橹等。载重一般在十吨左右，大者五十吨。"

赊店镇假水运之优势，赖管道畅通之便利，成为北通汴洛之动脉，南达襄汉之津渡，东衢闽越之咽喉，西连山陕之要道。四方陆路车流如水，潘、唐河道船似游龙。为满足众多商船停泊需要，在赵河北岸依自然之势设青砖铺就的下货台及向岸上运货的石台阶，形成了大小商船可以方便出入的后河码头。北方陆路运来的盐、中药材、粮食及各种土特产在此登船南下，南方水路运来的百货、茶叶在此下货北上，逐渐成为号称"九省通衢"的通商大码头，沿码头先后形成了启文街、老街、关帝庙街和石门街等众多街道，古码头成为赊店商业鼎盛时期的第一象征。

赊店镇水门口码头位于镇东北潘河西岸，是赊店镇商贸繁盛时期商贾为降低河心街码头压力开辟的第二个码头，掘开城墙开门曰"水门"，从此使赊店镇由八城门增至九门，也是茶商水路中转茶叶运输的主要码头之一。

河口码头，位于镇东南约 1 公里，处潘、赵两河交汇入唐河的河口村南，是唐河源头之处，呈马蹄状，是在河心街码头、水门口码头满足不了货物转运需求的情况下开辟的第三处码头，货物由车行、脚车转运古镇与码头之间。该码头开辟晚，但一直沿用到解放初期。新中国成立后，在此曾发掘出铁锚、瓷器、铁锅、铜钱、沉船等众多文物，沉船长达三丈有余。该码头为茶商货物按时到货提供了重要保障。

自赊店镇西北门（乾维门）到北大石桥，有一段长约 1000 米的道路，是万里茶道中茶叶由码头下货后，向北方运行的一条最主要的道路，也是唐河、社旗向北连通方城的必由之路。

北大石桥位于赊店镇北 1 公里的潘河之上，为方孔平梁石桥，桥长

50 余米、宽 6 米、高 2.5 米，25 孔，桥底宽 14 米，用青石板筑成，石板间以铁质银锭扣牵拉。此处原是赊店镇水旱码头北上转运货物的一个大渡口，也是汉水航道过潘河向方城航运货物的唯一通道。清同治元年（1862 年），由赊店镇商贾集资兴建，北大石桥修成后，为茶商北上提供了极大的便利。

2. 街道、会馆、商号

明崇祯至清顺治、康熙年间，随着赵河码头的日渐繁荣，在赵河北岸逐渐形成新的街市，并最终形成赊店 72 道商业街、36 条胡同的格局。位于赊店镇中心的瓷器街，全长 400 余米，是赊店保存最为完好的清代商业街。它形成于康熙年间，是当年南北瓷器的集散地，鼎盛时，有 60 多家瓷器店铺，广集华夏定、钧、耀州、磁州、龙泉、景德镇六大窑系产品。赊店瓷器街，是全国以瓷器命名的街道中最古老的街道。

清代赊店繁盛时期，镇内人口达 13 万之众。共有南九北七计十六省商人在此经商，据《重建山陕会馆碑记》中记载的抽厘金额，折算出山陕商人年经营额为三百四十余万两，再加上《重兴山陕会馆碑记》所列商帮商号的认捐，该镇山陕商人的年经营额估计可达四五百万两。各地会馆达十多处，至今保存完好的，有福建会馆及被誉为"天下第一会馆"的山陕会馆。山陕会馆是一座巍峨壮观、金碧辉煌的宫殿式古建筑群，始建于清乾隆二十一年（1756 年），经嘉庆、道光、咸丰、同治至光绪十八年落成，共经六帝 136 年。主体建筑自南而北沿中轴线有琉璃照壁、悬鉴楼、大拜殿和春秋楼。建筑构件中的木、石、砖雕尤为精美，达到了"无木不雕、无石不刻"的境地。著名古建筑专家罗哲文、单士元、吕济民等对会馆的建筑艺术赞不绝口，誉其为"辉煌壮丽、天下第一"，"艺术辉煌、绝无仅有"。

山陕会馆珍藏的文物中，有发掘于古航道的铁锚、记载茶商捐资重修山陕会馆的碑刻、茶商捐献的精美刺绣等等。铁锚共 2 支，经专家鉴定，为清朝能载货 20 余吨的商船所用。会馆石牌坊前的《重修山陕会馆碑记》，碑阴镌刻有"捐资商号名录"，排列在第一位的是"盒茶社四千五百两"。另外，还有"蒲茶社三百六十两"及作为红茶帮的大德玉、大昇玉、大泉玉等十多家茶商捐资的记载，经营茶叶的山西茶商捐银占此次募集总额的三分之一以上，足见茶商资本之雄厚。

在中原地区，南方会馆很少，但赊店却有保存完整的福建会馆。它兴建于嘉庆元年（1796年），位于南瓷器街南端，是万里茶道源头福建武夷山茶商在赊店开设的同乡会馆。

清代茶商在赊店的商号中，保存至今的是大昇玉茶庄。明末清初，晋商山西榆次常万达拓开俄罗斯恰克图后，共开了20家商号，即"十大德"和"十大玉"，主营茶叶。茶路重要地点均设有"十大玉"分号，赊旗店独设三家，足见此地对常家之重要。目前大昇玉茶庄成为集茶叶品鉴、茶艺展示、商务洽谈、休闲娱乐为一体的经营场所，同时成为展示南阳盆地乃至中原商旅文化、茶文化的重要旅游景点。

3. 古代商埠

赊店完整保存了明清时代的城墙遗址、码头、航道、街道、商铺、民居、庙宇、会馆等，国内罕见、独具特色。十里城墙护卫，9座城门分设，72条街道、36条胡同对称布局，基本保存了原始商业街道肌理与商铺风貌堪称标本。河南省文物保护单位火神庙是全国仅存的烟花爆竹行业会馆；广盛镖局是中原仅存的古代镖局，是当时全国十大镖局之一，是清代最负盛名的心意拳发祥地；厘金局是全国仅存的清代道台级税务衙门；蔚盛长票号是中原地区第一家票号。此外，社旗非物质文化遗产资源丰富，目前已普查整理出1000余个非物质文化遗产项目，现珍存的商业规则碑刻等文物，为研究、发展诚信文化、商业文化奠定了坚实基础。

（三）万里茶道催生了赊店的再次繁荣

清代赊旗镇的繁荣，以乾隆年间设置赊旗店巡检司、山陕商人建造春秋楼为标志。光绪三十年（1904年）《南阳县志》记载："晋人固善贾，县又通水陆，乾嘉时城厢及赊旗镇号为繁富。"咸丰年间，太平天国运动中，捻军对赊旗镇的数次掳掠，给其带来了毁灭性的打击。《豫军纪略》载："咸丰七年（1857年），确山匪王党、肖匪起侵县境，县仓促未有备，八月十五日贼到赊旗店，大掠而焚之，蔓延乡村，死伤塞道。……同治四年（1865年）九月朔，贼复到唐县回窜，初十日败按察张学醇军于召渠，战殁参领隆喜等三百人。十九日，总愚大掠赊旗店而北。"清代诗人王孟侗在其《赊旗店》的诗中写道："廛肆鲜完舍，瓦石纷揭砾。焦土渐成轨，已复长荆棘。"其荒凉破败的景象，让人叹息。

随着太平天国运动的衰微，万里茶道起点由福建武夷山转向湖南安化或湖北羊楼洞，自汉口扬帆的浩浩荡荡的运茶船，终于来到了赊店，为商人保驾护航的镖局和为商业提供金融服务的票号、钱庄应运而生，清政府因为巨额税收的原因，对于这样一条繁忙的商道、繁华的商镇也另眼相看，在赊店设置了远比镇级高几个规格的厘金局。商帮、驼队、车马、饮食等服务相伴而兴，清代的赊旗镇迎来了再次繁荣。金碧辉煌的山陕会馆、以火神庙为代表的一批宗教建筑此时兴建起来。

（四）内涵丰厚的遗产资源

清代的赊旗镇，其繁华盛景已经湮没在历史的长河中。但是，它保存完好的茶道文化遗产和几百年积淀下来的文化底蕴，仍然是一笔巨大的精神财富。

（1）赊店非常重要。作为万里茶道枢纽，不管是在万里茶道历史文化研究、万里茶道申报世界文化遗产、万里茶道旅游线路规划方面，赊店都是一个绕不过去的重要支点。内蒙古草原茶路协会秘书长赵文耀盛赞赊店：如果中国列出万里茶道上10个最重要的城市，社旗应该名列其中。近年来，央视和茶道相关城市电视台，先后在赊店拍摄了《商埠传奇》、《茶叶之路》、《铁旗商魂》、《茶路真兄弟》等电视片，在全国引起很大反响。2013 年，"全国万里茶路文化遗产保护研讨会"在赊店召开。社旗县也先后成立了赊店历史文化研究会、商埠文化研究会、关公文化研究会等民间社团组织，将万里茶道作为重大研究课题，出版了《万里茶路枢纽：赊店》一书。书中汇集了专家们的研究成果，是万里茶路数十个节点城市中第一个推出专题研究图书的地方，为推动万里茶路的研究、申报世界文化遗产，迈出了坚实的一步。

（2）以信义为核心的商埠文化的发扬光大。万里茶道是以晋商为主开辟的黄金商贸通道，赊店古镇是以秦晋商人为主从事商业活动的重镇，敬关公、重信义是这座商埠的重要文化特征。赊店有保存完好的记录商业文化规则的碑刻，商业文化"义中取利"的基本道德准则，在赊店镇的商业发展史和文化遗存中得到了很好的体现，对现代商业的发展起着积极的借鉴作用，具有重要的社会价值。

（3）独特的旅游文化资源。赊店镇地处水陆要冲的地理位置、水陆码头的文化遗存、保存完好的明清建筑群和以瓷器街为代表的街道、商铺及传承愈百年的老字号，生动地再现了明清时期的商业繁华，个性突出，特色鲜明，是旅游业发展的宝贵资源，不管是在弘扬传统文化还是在促进地方经济发展上，都具有重要意义。

晋商万里茶路之首要水旱码头：赊店

祁县晋商文化研究所　范维令

有清一代，晋商开辟的中、俄茶叶之路上，中国赊店镇和为首要的水旱码头，这是任何商埠不能比拟的。

（一）赊店镇具有得天独厚的区位优势

中国河南南阳，自古为中原南联西南各省、北通陕西和山西等省的孔道。

赊店地处南阳盆地东北部边沿之交通要塞，中原之咽喉。

八百里巍巍伏牛山东麓，万泉喷涌，山溪纵流，汇而为潘河、赵河。潘河经方城、券桥，迭受数水，至赊店接陌陂沙河与西来的赵河合而为唐河。赵河又东南受数水，经赊店西，左与潘河合，入唐河。唐河入汉水，达长江。成为天造地设的连接长江水系的水上运输通道。

赊店北上，又成为出中原、入山陕的主要陆路通道。故有"北走汴洛，南航襄汉，西趋川陕，东进皖浙"的水旱码头之称，堪称九省通衢，享有"天下第一店"之美誉。

（二）赊店镇是晋商运茶的水路终站

晋茶商，由南方茶产地北运茶叶，基本上走水路。水路的最后一段是湖北襄樊至河南赊店。

祁县茶商王载赓于民国初手抄的《行商遗要》中记载："赊十五里至埠口，十五里至兴隆镇，十里至新集，十里至李店见，二十里至袁谭见，二十里至唐县，二十五里至马店见，二十里至上屯，十里至下屯，二十里至郭滩，三十里至苍苔，三十里至阎家埠口，三十里至陈家河，三十里至双沟见，三十里至刘家集，十五里至龙坑见，十五里至樊城。赊至樊计水路三百四十五里。"

（三）赊店镇是晋商运茶的旱路始站

晋茶商运茶，经唐河水路运至赊店，则开始改陆路运输。赊店至祁县则是陆路运输的首段。

据《行商遗要》记载："祁至赊一十九站，计陆路一千三百五十五里。祁三十里至子洪，四十里至来远打尖（吃饭），三十五里至土门宿，四十五里西阳打尖，六十里至沁州宿，六十里至虒亭宿，四十里交川沟打尖，五十里至鲍店宿，五十里普头打尖，五十里至长平驿宿，六十里至乔村驿宿，六十里至泽州府宿。由泽过太行山六十里至拦车宿，四十五里至邢郜宿，五十里郭村打尖，二十五里至温县宿。由彼早起二十五里至汜水北岸、名平皋，过黄河南岸、汜水县打尖，四十里至荥阳县宿，六十里至郑州宿，五十里郭店驿打尖，四十里至新郑县宿，六十里至石固宿，五十里颍桥打尖，四十里至襄县宿，四十里至汝坟桥打尖，五十里至旧县宿，五十里龙泉镇打尖，四十里至裕州宿，五十里至赊旗镇。"

（四）赊店镇是影响晋商办茶效益的重要码头

货运中，水陆路转运的特殊功能，成就了赊店的特殊地位。

《行商遗要》中，"赊镇发货总论"指出："此处码头，百货皆聚，陆路为首。在彼发货之人，更宜精细、活便，不可值滞。而道路甚多，脚价涨吊不等。及以西路马车论之，每千斤四五十两价，业已见过，一十三两行情，亦是有之。思此涨吊，实属远矣。"

可见昔日繁华的赊店码头，对于办茶转运业务至关重要。仅脚价一项，高低相差十分悬殊。为确保茶叶顺利转运并选择合适的运输工具，办茶人必须精心调查市场，更要懂得市场行情。根据多年的经验，《行商遗要》记载了赊店各路脚价成规例底："此处码头以杂货为首。指郭汜马车论之，红茶梗子每千斤价同杂货；西老茶、大花茶照杂货解矮银一两；东老茶照杂货下银二两五；盒茶下银一两五。大花茶每辆车配装一斤套六套，脚同一样，如各半均装，脚比西老茶高银五钱；如独装一斤套，脚照西老茶高银一两。禹州牛车，西箱二只作担，花茶二件作担，脚比西箱高银五分；东盒茶六串作担，每担比西箱下银五分五至六分五。此宗活规，襄县照禹州之规，牛车有捎载，成规列后。舞渡马车正规论，千斤近来讲祗，有每担解银若干。东大箱二只作担。盒茶六串作担，每担比东大箱下银三分。牛车盒茶每担比东大箱下银五分。如箱串配装，各照各价；如独装，东箱比串子高银五分。附：汝州、禹州、襄县一律。花柳园马车正规论，千斤近来讲祗言，每担解银若干。东箱二只作担。盒茶六串作担，每担比东箱下银四分；盒茶如发郭汜，八串作担，每担比东箱高银三分。讲祁县长驼规论，百斤杂货若完太谷，照祁百斤高银一钱；若完平遥，照祁下一钱。沿途厘金、花消、驼夫包纳，与客无干。讲曲沃驼，指彼为规，解州照曲沃下银三钱；高显照曲沃高银二钱；绛州高银一钱。骆驼历来先讲曲沃，次讲别埠。大谱讲祁之驼比曲沃每百斤高银一两八上下活规。"

从这段记载看，由赊店北上走货，除用马车、牛车外，尚有骆驼用于长途运输。而且走得是入晋东南与晋南两条路。

此外，由于赊店转运的陆路交通工具有马车、牛车、骡、骆驼等多种，走东口路、西口路的茶货包装不一，因而就会有如何作秤与各运输工具间如何折算等许多具体问题。《行商遗要》详细作了原则上之规定，甚至对赊店向各埠发货占用客栈、货栈的费用也作了具体记载。

赊店是清朝政府设厘金局最早的商埠之一，在此发货，交厘金是必不可少的一项支出，甚至会附加多项额外负担。《行商遗要》就真实记载了清光绪二十年，赊店发货除交厘金以外，另加海防、寨费各长厘金银二乘的规定。

综上所述，不难看出，在赊店这个水旱码头转运茶，成本核算是非常重要的，对晋商办茶的经济效益，直接影响也是较大的。

晋商万里茶路上的赊店，不仅是首要的水旱码头，而且是黄河文化、长江文化与中原文化大融合的熔炉。比如河南六合心意拳与祁县戴家拳相融合形成的戴氏心意拳，支撑广盛镖局成为华中第一镖，为晋商万里茶路保驾护航的历史贡献，即为有力之佐证。

万里茶道中的南襄隘道（南阳段）
相关建筑遗产初步调查

南阳市古代建筑保护研究所　贾付军

南阳作为万里茶道的水陆转换节点，在万里茶道中具有无可替代的重要地位。南阳境内茶道依托"南襄隘道"而形成，沿线的城镇、村落、民居、茶行、会馆、驿站、宗教建筑等建筑形式、类型，对万里茶道的研究都具有独特的价值。

中国是茶叶及茶文化的发祥地，茶叶作为可以互换的农产品在我国古代商品贸易中占有非常重要的地位。历史上，在中国至俄罗斯有条向北外运的茶叶之路，即从福建、江西、湖南等茶叶产地经湖北、河南、山西、河北、蒙古直至俄罗斯的大通道，其转运路线一般从鄂东的河口镇开始水运经汉口、樊城抵赊旗，再从赊旗改走陆路至山西、张家口、蒙古、俄罗斯。这条路因运茶而开辟，又因茶叶贸易而兴盛，是一条贯通南北的茶叶贩运大通道。清康熙二十八年（1689年）清政府和沙俄政府签订了《尼布楚条约》，开始了两国间直接的贸易接触，这条"茶叶之路"北线作为中俄间的贸易通道正式形成，并结合南襄隘道区域的历史交通情况构建以襄阳、唐河、赊店为主要线路的茶叶贩运路线，通过水路到赊店镇转陆路是相对便捷、安全的通道，同时沿线的唐河、源潭镇等也成为南茶北运的重要集散地。

据清人衷干《茶叶杂咏》一书记载："清初茶叶均由西客经营，由江西转运河南再销关外。西客者山西商人也，每家资本约二三十万至百万，货物往返络绎不绝。"这条贸易线路主要由山陕商人经营，这便是南襄地区分布众多山陕会馆的重要原因。

（一）"南襄隘道"的水陆通道

南阳地处"南襄隘道"（南襄孔道）的中心，是古代南阳至襄阳区间内的著名交通要道，也是我国古代南北重要交通通道之一。从地理学角度来看，"南襄隘道"北起伏牛山，西界丹江，东至桐柏山，南界为襄阳与大洪山北麓一线，是我国中部南北地区之间的天然关隙和通道，区域内的汉水以及其支流白河、唐河、瑞河等为其发展提供了良好天然航道和地理环境要素。"南襄隘道"可追溯至春秋时期楚国所筑连接北方的"夏路"，历经千年，连接并囊括了南阳、襄阳、老河口、方城、唐河、赊旗、邓州、新野等著名历史城镇，路径直通北方京畿要地（西安、洛阳、开封、北京），连达南方物阜民丰之地（荆州、汉口、长沙），直至两广巴蜀云贵。南襄隘道以其南北居中、东西则正的特殊区位优势条件，直到民国时期，仍然是中国最为活跃的的南北政治、军事、经济、文化交流动脉。

茶叶也是经南襄地区转运的大宗商品之一。山陕商人在福建、江西、湖南、湖北等产茶地区购置茶叶，首先运往汉水与长江交汇的汉口镇，再经汉水至襄阳，再由樊城镇入唐白河经唐河县、源潭镇到达赊店镇，再由赊店镇转陆路交通，经方城、洛阳到山西，北上至张家口，直到库伦、恰克图，最终与俄罗斯进行商业贸易，由此形成了著名的中俄万里茶道。

"南襄隘道"城镇间的交通线路水网交织、四通八达，根据其地理环境、区域历史状况，将"南襄隘道"路线主要划分四部分，即中线、东线、西线、丹江线。

1. 中线：襄阳—新野—南阳（北出方城隙口，南接荆襄古道）

"南襄隘道"的主线是经新野连接的南阳与襄阳两个区域中心城市之间的通道。在近代铁路与公路兴修之前，一直是南襄地区乃至两湖地区与中原间的重要通道，是我国南北交通的中轴。主线北向主要通过方城隙口，东连方城路，向北可通往开封、北京等地，另一条分支是北出南召云阳镇经三鸦路过鲁山进入中原，主要通往洛阳；南接荆襄古道、随枣走廊、汉江水路，连接荆州、汉口，直通湖广、巴蜀。

古代交通以水路为首要，"南襄隘道"主线的交通则有常年丰沛、便于通航的水系即汉江及其支流唐白河作为支撑，其中唐白河是整个"南襄隘道"主要的水路交通干道。货物经由汉江运至襄阳，再由襄阳转唐白河北上，经位于唐河、白河河口的双沟镇沿白河继续北上，经新野、南阳可达石桥镇转走陆路。白河的航运对流域城镇商业发展作用很大，明王士性曰："惟南阳淯、洧（白河）诸水皆南自入汉，若与中州无涉者，然舟楫商贾反因以为利口。"白河航道最远可抵达南阳市北 25 公里的石桥镇，反之则沿这条商业发展的黄金水道从南阳府顺流而下至襄阳注入汉江，自古便"往来行船夹岸停泊，商贾云集"。这条线路主要经过的古城镇有襄阳、樊城、新野县城、瓦店、栗河店、南阳府城、新店、石桥镇、皇路店、云阳镇、鲁山、洛阳等。

2. 东线：枣阳—唐河—赊店（北出方城隘口，南接随枣走廊）

"南襄隘道"的东线交通是通过唐河县连接枣阳与赊店两城之间的道路。向北主要连接方城路，东出中原，通往北方京师（开封、北京），南下主要连接随枣走廊，经汉江水道通往汉口，至长江流域。东线水路交通主要依靠唐河，货物由枣阳沿陆路北上，在唐河县、源潭、赊店进行船马转换。光绪《南阳县志》载："唐河经源潭东头，南至唐县西关外南流，每船行至赊旗镇止。"清郭平鼎《唐城怀古》诗云："毂击户摩比户卦，淮襄千艘竞并冲。"显示了唐河沿岸城镇交通和商业的繁荣景象，此外樊城货船也可通过唐河直接抵达赊店。这条线路经过的主要集镇有青台镇、桐河镇、兴隆镇、新集、源潭镇、唐河县城、苍台等。

3. 丹江线

丹江线由老河口沿丹江至淅川县李官桥、老城镇、西簧镇、荆紫关镇，转陆路过武关，向西北进入陕西。

（二）万里茶道上的城镇

由于水陆通道的存在，南阳的城镇也依托河流航道而兴盛。中线白河航道及夏路沿线，从南到北依次有新甸铺、新野、岗头、界中、瓦店镇、南阳、石桥、云阳镇。东北向有新店、博望镇、方城、独树等城镇。

1.中线古镇

（1）新甸铺：明嘉靖年间，新甸渡由露水集变成大集市。清乾隆年间，纳集并村建镇制，设传递铺，改新甸渡为新甸铺。新甸铺原有6处大码头，其中小东门、关帝庙、龙桥、马巷为石砌码头，关埠口、小南门为竹木建材露天码头．码头每天泊船300余只，吞吐货物千余吨。随着白河水量减小，陆运逐步取代水运，码头被废弃甚至毁坏，现仅存一处码头遗址，即新南古码头，见证着白河水运发达的历史。

（2）岗头：新野县北白河西岸，曾为宛襄白河水路重津码头，明隆庆以前，亦有岗头镇之称。清初，山西商人会聚，镇容鼎盛。街道两旁，商号林列，摊贩如云，素有"小樊城"之美誉。但随着白河水运的没落，岗头失去了昔日的繁华，集镇衰落，现仅存有通往白河的阶梯和观音阁，水边码头已废弃毁坏。

（3）界中：原南阳县瓦店镇南部，处于宛襄古道白河东岸，是宛襄古道南阳县境最后一座驿铺，因与新野县以高冢为分界标志，故史称界冢。白河绕村，古道穿寨，老街绵延一里多，前店后坊，店铺林立。保元堂是老街上的老字号药店。现存的关帝庙大殿，面阔三间，进深二间，单檐灰瓦硬山式建筑。经营以米醋为主的裕兴长的老宅和作坊保存有并列两座两进院落，是典型的前商后寝式建筑群。沿街还保留了较多的商号建筑，古街道形态保存较好。

（4）瓦店：汉代最早叫作长安聚，后称小长安，再称林水，元朝始改名瓦店，清代有"铜瓦店"之称，繁华仅次于赊店。当时南阳境有博望、宛城、林水三大驿站，林水驿据宛襄古道之南段，陆有车马交通荆襄，水有舟楫达江汉。据记载，林水驿有额马50匹，其中极冲马12匹，牛120头，甚至在清初一度定额开支超过了宛城驿。咸丰初年，瓦店寨扼南北要冲，寨内原有山陕会馆、三元宫、文庙、泰山庙、二郎庙、清真寺、千佛寺等。寨内的猴王庙，其实就是驿铺供奉的马王庙。古镇交通便利，有酿酒、药房、染坊、日杂、茶馆、粮行、船行、当铺、银匠楼、铁匠铺等。陕西韩城党家村村志记载，繁华一时的党家村产业就是从瓦店镇起家的，并逐步扩展到郭滩、赊店。原瓦店镇1953年被洪水冲毁，1954年在原址东重建。

（5）南阳：南阳地处白河西岸，是白河航运的中心和南襄古道的中心，也是南阳盆地的政治、经济、交通中心城市，《史记·货殖列传》载："南阳西通武关、郧关，东南受汉、江、淮，交通颍川。"盆地内以南阳古城为起点的主要陆路交通在东、南、西、北方向上分为方城道、南襄隘道、武关道、三鸦道。沿白河有大寨门渡口码头、小寨门码头、永庆门码头和琉璃阁码头、校场渡口，梅花寨内有与航运有关的天妃庙、山陕会馆、三皇庙、甘露庵、河大王庙、宛城驿等文物建筑，以及万兴东等商号建筑。城内更是商号林立，千年古道部分保存完好，古道边的接官亭、古道寨河上建于明代的琉璃桥保存完好。

（6）石桥：三鸦道是古代南阳与洛阳间的重要道路，石桥镇是这条道路上出南阳城后经过的重要节点，为河南省历史文化名镇。乾隆《续修河南通志》载："自南阳石桥以北至陕州双观音堂，凡数百里，皆鸦路也。"北宋以前，船只自南阳古城逆河北上25公里可达石桥镇，直到清末，从襄樊北上的大型货船可抵南阳城关，小船仍可到达石桥镇，由此这里商贾云集，成为宛北最大的商品集散地。石桥古镇在清代为石桥堡，在清咸丰年间为了防范捻军而修筑了城寨，有寨墙、寨河、寨门等防御设施的堡寨，平面为不规则近圆形，南北和东西长度近900余米。南寨门、北寨门之间有一条全长约800米的商业街，即中山街，街的两侧现仍保存着大量传统商铺、民居及清真寺等历史建筑，是石桥镇作为"宛北名镇"的主要见证，展现出宛北地区古镇的历史面貌。沿街商业铺面的建筑个体从面宽一间到五间不等，高低起伏，错落有致，形成具有地方特色的传统街巷空间。据统计，整座中山街传统建筑群现存25个院落，约有历史建筑90多座300余间。其中57号院隆泰店创立于清代光绪年间，由坐西向东的两进院落组成。另外还保存有张衡墓、鄂城寺两处全国重点文物保护单位以及真武庙、清真寺、石板古街道、北石桥、山陕会馆遗址等文物遗迹。码头遗址位于镇北白河边，保存基本完好。北石桥主体保存完好，上部覆盖水泥桥面，长约20米、宽约5米。镇中的田汉茶社名闻遐迩，是居民休闲的好去处。

（7）云阳：云阳位于三鸦路的中段。三鸦路穿山而行，依自然山势及河流来回盘旋，在南召县境内留下众多历史遗迹，按其走向，先后经过皇路店、太山庙、小店、云阳、皇后等镇，是万里茶道上的重要通道。《清一统志》记载：三鸦路，以百重关为第一鸦，从鸭河至兴隆店而舍舟登陆，沿山谷逆流而上，称洼石口（今太山庙乡与云阳镇交界的空山河、鸭河、鸡河交汇的口子河险要处），再上过云阳关（现为小店乡关庄村）至北召店，过皇后峪而至第二鸦分水岭关，再往上达第三鸦鲁阳关（俗称过风楼），崇山峻岭之间的三鸦路出口之处，山势逐渐平坦，沙河水势较为平缓，过鲁山、汝州直达洛阳。现存南召县皇后乡分水岭村的清顺治十年（1653年）鲁阳关楼镶嵌石刻门匾上有"古鸦路"三个大字，题注是"北通晋秦，南扼楚蜀"。

云阳镇为早期南召县城，康熙南阳县志："南召城，嘉靖甲午（1534年），知县冯鲛重修，东门曰通汴，南门曰近宛，西曰连嵩，各增建戍楼。隆庆庚午（1570年），知县李玺更于北城建楼，题曰望京。吏部员外郎方九功记。顺治十三年（1656年），知县马应祥重建南远门，后屡修茸。"北面还留存一段不足500米的城墙。现存有文庙、山陕会馆、清真寺、城隍庙戏楼、覃怀会馆、县衙遗址、鸦路巡检司遗址等与商道、茶道有关的文物建筑，并保存了大量的民居建筑，古城街巷保存基本完整，为河南省历史文化名镇。附近有丹霞寺、兴阳观、商鹊庙、华阳宫、樊梨花寨、张三丰故里等许多古文化遗址。

云阳关又称关庄寨，位于南召县小店乡关庄村关庄组，距九里山口子河隘口一里处。寨墙东部、西部保存基本完好，南部与北部残损较严重。墙体为毛石干垒而成，东西长195米、南北宽122米，面积23790平方米。关庄古称云阳关，是古三鸦路南段的重要城池，战略地位十分重要。寨内保存有少量明清时期的古建筑和古代石刻遗物。

山陕会馆位于南召县云阳镇二小院内，为明末陕西、山西两省的商人集资所建，原供奉关公、财神、马王、药王等神像，犹如庙院，故名山陕庙。清嘉庆十五年（1810年）五月，在云阳山陕庙建立高五丈的钟楼、鼓楼各一座，由于年久失修，建筑已损毁。

覃怀会馆座落于云阳镇原微型电机厂院内，现仅存硬山房三间，砖木结构，灰瓦顶，供奉武财神关公神像。院内散存清代石碑三通，其中一通为"增修覃怀会馆碑记"，覃怀会馆建于明代，由山西、陕西商人及当地乡绅集资兴建，由于年久失修，到清代同治年间仅存"神殿三间，道房、山门亦属略具"。经当地乡绅钱姓大户倡导、劝捐并会所积蓄，"增修拜殿三间，大王财神殿二间，马王、药王殿三间，客堂东西各三间，厨房三间，道房三间，山门三间"，使覃怀会馆初具规模，同时，将殿宇、门窗修缮一新，重新油漆一遍，呈现兴旺面貌，当地居民俗称南怀庙。

2. 东线古镇

东线沿唐河形成，从南到北依次有郭滩、唐河、源潭、赊店、方城、独树等市镇，是万里茶道的主要通道。

（1）郭滩：明初毁于水灾，后郭姓自山西洪洞县迁此，以其驻地紧邻唐河河道水潭，曾名郭家潭。嗣后，河道码头渐次恢复，形成集市。历史上这里是著名的水路码头，帆船航运是镇域一大特色，曾是豫、湘、川等地商贾云集之地。

郭滩乡小学院内为山陕会馆旧址，山陕会馆建于清代，原有大殿、拜殿，现仅存古柏树一棵，树下有残碑，字迹模糊，可以看到汾阳某某捐几千文的字样。

郭滩镇有三百多年历史的茶馆文化，现集镇拥有纵横 20 多条街道，拥有茶馆 12 个，每天过往茶客不下千人，茶馆内下象棋、吹拉弹唱、传授科技、交流信息，堪称郭滩茶馆是了解国事、家事、天下事，享受文化娱乐、交流致富经的良好场所，茶馆文化由此闻名南阳盆地。

（2）唐河：清道光年间，唐河商业主要是各种行店及京广杂货和小铺、摊商。经营中的大商号、大行店多操纵于官僚豪绅、封建地主、地霸、富商和帮会团体之手。咸丰年间，陕、晋两省和怀庆府的商人来到唐河，相继在城关开设了太顺侦、太顺亨、正顺声、和合张、和顺成、大兴源、复义和、义合等八大商号，分别经营木材、粮油、时货、煤炭、杂货、中药材等，均以批发为主兼营零售，资金约四十万银圆，并在汉口、襄阳、樊城、老河口等地设有办事机构（当时称外庄）。从业人员多时达二百余人，生意颇为兴隆，在镇内兴建会馆，把持商业。唐河古城位于唐河河道东侧的台地上，现有拱桥北侧为历史上的唐河渡口和码头，有石板路通向城区。石板路及码头保存较好，部分处于现滨河路之下。是当时商道、茶道的重要码头。城北五里桥渡口是唐河至赊店古道必经之关津，已保留使用数百年，目前仍在使用中。

（3）源潭：源潭原名青龙镇，建于明代。清康熙六年（1667 年），原在唐河西岸的青龙镇商民迁至河东岸，定名"源潭"。源潭借舟楫之利发展起来，航运上通赊店、方城，下达樊城、武汉等地，成为南北方商品转运处。鼎盛时期，河岸码头帆船达千只，泊靠数里。

现存相关遗址有南门渡口遗迹、西河码头遗址及山陕会馆。南门渡口遗迹位于源潭镇南门外唐河边。西河码头是源潭境内 9 座较大的古码头之一，码头上为青砖砌成的台阶。河堤之下，毛石护岸，规整的石块砌筑台基坡脚，布满苔藓的青砖台阶高大宽阔，保存较好。

山陕会馆位于源潭初中（原唐河县二中）内，建于清雍正九年（1731

年），坐北朝南，从南至北为大门、钟鼓楼、铁旗杆、戏楼、大殿、两侧为配殿和东西厢房，形成了对称的古代建筑群。大殿面阔三间，进深两间，两层楼阁式建筑，灰筒瓦顶琉璃剪边，黄琉璃脊。东西配殿面阔三间，进深两间，两层楼阁式建筑，灰瓦琉璃脊。院前立铁旗杆一对，高17米。其规模仅次于赊店的山陕会馆，是源潭商业兴盛的标志。

（4）赊店：赊店是清代河南著名商镇之一，但文献记载较少。根据对该镇山陕会馆保存的碑刻等资料考察可知，赊旗的兴起约在康熙初年，清代中叶达到鼎盛，同治、光绪年间曾再度辉煌。赊店不但是河南中西部及山陕地区与南方数省商品流通的重要枢纽，也是晋商对俄茶叶贸易的重要转运通道。光绪《南阳县志》卷三《建置》记载该镇"地濒赭水，北走汴洛，南船北马，总集百货，尤多秦晋盐、茶大贾"；民间亦有"拉不完的赊旗店，填不满的北舞渡"之谚。

赊店现存山陕会馆、火神庙、福建会馆、厘金局、票号、镖局等许多与茶叶贸易和流通相关的遗迹，瓷器街等72条街道上保留了古代商号建筑数百座，保存了清末的盛景。根据碑刻记载，在光绪年间山陕同乡的募捐中，盒茶社捐款4500两，蒲茶社捐款三百六十两；此外，大德玉、大泉玉、大升玉、祥发永、裕庆成、兴泰隆、天顺长、聚兴顺、兴隆茂、宝聚公等十家商号各捐银五十两，它们也都是经营茶叶的山西商号，合计为5360两，占此次募集总额14935两的三分之一以上，足见茶商资本之雄厚。

（5）裕州（方城县）：在春秋战国时为楚国北界长城关口，已有贸易活动。秦时在此设县，东魏置郡，唐初建州，民国二年（1913年）复改方城县至今。方城县城关历为郡、州、县治所在地。明正德十二年（1517年）秋，在县城四门以外，又建月城，辟为商品交易场所。到明末清初，由于方城所产山货、丝绸、粮食、油料等日渐增多，外地商人云集，城关市场随之扩展潘河东岸，各行业店铺排列，成为五里长街。商界集资，在潘河桥南1公里处修建水运码头下货台，使商品途经唐河入汉水，直达汉口，商路畅通，市场活跃。清末民初，因潘河航运货船不能通达，加上自然灾害，兵荒马乱，店铺纷纷迁往城内中山大街。

中线茶道东北线从南阳渡过白河，沿驿道经新店、博望镇梅林铺—博望故城（博望桥、博望驿站遗址）—水饭店—灵龟铺—罗渠铺—廓封—西河口—东河口—西十里铺—城关镇（北新街、山陕庙、晋履泰、下货台）—东十里铺（沙淤铺）—下堡—上堡—招扶岗—扳倒井—营坊庄—三里堡—龙泉铺—大关口，北出方城境。沿线的梅林铺石桥、水饭店古桥、古道遗迹、城关镇南阁街下货台遗址、山陕会馆遗址、晋履泰商铺、十里铺古桥、扳倒井接官厅、龙泉驿遗址（今独树镇）、古道及寨门遗址都是万里茶道上的相关文物遗迹。

3. 丹江线古镇

丹江线由老河口沿丹江至淅川县李官桥、老城镇、西簧镇、荆紫关镇，转陆路过武关西北进入陕西。目前仅存西簧镇和荆紫关镇。西簧镇现存山陕会馆（关帝庙）一座，有拜殿及大殿各三间，配殿三间。

荆紫关镇地处丹江东岸，沿丹江古道形成街道，十里长街保存基本完好。现存平浪宫、山陕会馆、禹王宫、万寿宫、清真寺、协镇都督府等主要建筑群，保留商号及民居建筑数百座。

山陕会馆始建于清道光年间，面临丹江，占地1700平方米，主体建筑依次为门楼、戏楼、大殿、钟楼、鼓楼、后殿、拜殿（春秋阁）。戏楼的前后檐有木雕组画，雕绘精湛。主体建筑春秋阁，面阔三间，为硬山式建筑。大殿、钟楼鼓楼造型优美、木雕精良。

禹王宫为湖南、湖北会馆，紧挨山陕会馆，坐东向西，清代建筑，供奉禹王，以精美的石雕著称。

万寿宫为江西会馆，坐落在街道东侧，清代硬山式建筑。

平浪宫是船工的行业会馆，宫内祭拜杨泗爷。是船工娱乐、集会之地。该宫坐东向西面对丹江，中轴线上现存门楼、中宫、后宫及配房数间。宫门外有钟鼓楼各一座，为四角攒尖顶三重檐建筑，顶部有宝珠，造型精致独特。

协镇都督府位于镇南端，现存大门、过厅及东西厢房各三间，当时为管理荆紫关的政府派驻机构。

万里茶道遗迹的调查是一个长期的、艰苦的工作，目前所形成的初步调查结果也有待进一步充实，重要的相关遗迹还需要进行详细的勘察并做出具体的维修保护方案，提出具体的保护措施。本文所涉及的新野县调查材料由新野县文化局董红举同志提供，方城县调查材料由方城县文物办王海林同志提供，南召县调查材料由南召县文化局范云刚、贺洋同志提供。

万里茶道新野段基本情况初探

新野县文化广电新闻局　董红举

白河源自伏牛山玉皇顶东麓，流至襄樊注入汉水，是南阳的母亲河，也是新野的母亲河，在河南省界内全长 329 公里，流域面积 12500 平方公里。据记载，历史上白河曾发生五次改道性变迁，其中发生在新野境内最近的一次是明隆庆四年（1570 年）白河改道。

在最新的调查中我们发现在新野境内沿白河自北而南留存有歪子岗头观音阁、沙堰西石桥、新甸新南古码头等遗迹。

岗头，曾为宛襄白河水路重津码头，明隆庆以前，就成一繁华集镇，亦有岗头镇之称。清初，山西商人聚此，镇容尤为鼎盛。街道两旁，商号林列，摊贩如云，虽双日集，但单日人流亦摩肩接踵，素有"小樊城"之美誉。1958 年后，集镇渐衰，现仅见阶梯和观音阁（图片 4-01）。

4-01 新甸铺观音阁

在新野沙堰桐树店村进行田野调查时，发现了1958年修建的工农渠水闸，将白河水引至沙堰拐里水电站，既能灌溉两岸农田，又能供水发电。在沙堰镇棉花厂西存有召父渠遗址，为西汉元帝时南阳太守召信臣率民挖掘而成，也是引白河水（老白河）入渠，起灌溉和分洪的作用，后被县政府公布为县级文物保护单位。两渠废弃的原因都与白河水有关，召父渠因明隆庆四年（1570年）白河改道而致渠废，工农渠水闸系鸭河口水库建成后下游水位下降、水量减小而失去昔日作用。对新野这个农业县来说，白河的作用至为重要。

新野县新甸铺镇紧靠白河，白河由此向南不到百里在湖北境内与唐河交汇，而后流入汉水、长江。自古以来，南船逆流而上，一部分沿唐河去赊店，一部分顺白河去南阳。如果说万里茶道是以赊店为水转旱路的结点，以唐河为主茶道的话，那么新甸铺所处的白河一线自然是茶道的辅道或茶道西线。这是从地理位置方面的考证，再从新甸铺镇发展历史来看，就更加彰显出它与万里茶道一脉相承的关系。

万里茶道兴于17世纪，南起闽赣，北走中原，再跨黄河，穿越晋冀蒙，直至俄欧，其南段为水路，北段为旱路，故有"南船北马"之说。秦汉时期白河支流黄邮河水丰河满，下游的船只可上行到新甸铺镇境内黄邮河畔的白马驿（秦设置的驿站）。白马驿横跨宛郢通衢，又有航运之利，很快发展成集镇。西汉初年，因该驿地处交通、军事要塞，便更名为黄邮聚（汉代镇为聚）并封给新都侯王莽。明朝初年，得益于战乱的平息，山西移民的大量迁入，水上航运的畅通无阻，大量南船北上宛邓，给沿途商埠送来南方绸缎、茶叶、食盐、竹木、药材、瓷器，带走了中原的粮棉、豆类、芝麻、花生、烟叶、禽蛋、生猪等商品。新甸渡成了南北货物的中转站和集散地。明嘉靖年间，新甸渡由露水集变成大集市。清乾隆年间，纳集并村建镇制，设传递铺，改新甸渡为新甸铺，这一系列的变革，使该镇步入了飞速发展的快车道。至20世纪三四十年代，白河水丰，商贾云集时，新甸铺一度成为宛南商贸重镇，有商行店铺 300 余家，茶馆、酒肆、客栈、车马场 50 余处，较出名的商号有恒丰泰、恒兴隆、公益昌、义隆昌、西长盛、白大公、德盛各、丁新恒等，日聚散马车、独轮车 400 多辆，上市人数万余，被誉为"小汉口"。建有码头 6 处，其中小东门、关帝庙、龙桥、马巷为石砌码头，关埠口、小南门为竹木建材露天码头，码头每天泊船 300 余只，吞吐货物千余吨。航运的崛起、商埠设施的完善，促进了城区建设和工商业的发展。镇内扩至三街四巷，有字号的商行货栈增至上百家，经营范围由当地土特产扩大到杭纺、川药、武汉百货、云贵名茶等，不少商人开辟市场，领办工业、手工业，如槽房、油坊、染房、轧花厂、打包厂、卷烟厂。商贸繁荣和工业的兴盛又带动了南北文化交融发展，特别是茶文化、楹联文化、饮食文化，极大地满足了外地商贾、船民在羁留期间的娱乐休闲需求。

为使码头营运安全有序，镇上设水上保安所和三大船行，保安所负责治安，船行负责客货联络，装船卸货，监管及招募劳务员工（脚力）。码头商贸的繁荣也使得茶馆、茶叶生意更加兴隆。当时镇上有 3 个茶叶、茶具的专卖店铺和 40 多家茶馆。为满足不同身份、职业、爱好的茶客需求，各茶馆都在茶文化上做文章。高护目茶馆地处商会附近，顾客多半为外地商贾或坐庄客倌，他们爱面子、讲阔气、讲求高品位休闲，于是老板就派人搭船南下，采购龙井、毛尖、碧螺春、铁观音等名茶招待，同时聘请襄樊、邓州名艺人来馆献艺。地处北寨门的黄老四茶馆，前门靠街、后门靠河，十分僻静，外地文人儒商常在此以茶会友、品茗论道，主人就请来南阳方城的评词艺人来馆说《三国演义》、《东周列国志》。十字街刘介臣茶馆靠近小东门码头，喝茶的大都是船工、脚力、乡下农民，他们或因饥渴，或为歇脚，没雅兴也没时间细品慢饮，主人就请来鼓词、木偶、皮影艺人，说大鼓，玩坐摊儿戏，泡大叶茶，卖大碗茶，使这些平民茶客也有座位和便宜茶喝。据老人们讲，那时外地商客对新甸铺有"百家茶社"、"百艺荟萃"的赞誉。

新南古码头是现存的唯一一座码头，位于新甸铺镇新南村东，白河西岸，建成后对新甸铺经济起到了很大的作用，直到民国时期仍在发挥作用。后由于白河水量减少、公路建设加快、陆运逐步取代了水运等原因，码头逐步废弃，现仅存一段阶梯和一储货台，阶梯长 16 米、宽 1 米，码头储货台南北长 20 米、东西宽 10 米。它是白河水运发达的见证，对了解新甸镇经济发展及白河航运情况有一定的意义。

近几十年，由于白河水量减少，航运受阻，码头经济萎缩，但万里茶道所酿造的茶文化依然充满生机。改革开放后，个体茶社应运而生，再度红火，而且创新经营方式，拓宽茶文化内涵。有的设"喜事茶屋"，接待婚姻说合，结婚登记前后歇息的客人；有的设普法茶座、科技茶座、保健养生茶座、报刊阅览茶座，为顾客释疑解惑，传授所需要的知识；有的还利用年节办赛事，如赛棋、赛歌、猜谜语等。这些活动不仅满足了人们娱乐休闲的需求，还使人们受到潜移默化的教育，而茶馆本身也获得了社会、经济双效益。

总之，新野茶文化的传承与发展，根在于万里茶道，功在于南船北马，是它把茶的诸多功能连同中国茶农的种植加工智慧播撒在两岸，播送到欧亚乃至全世界。通过万里茶道将中国的茶文化传播到世界各地，铸就了清代富可敌国的晋商传奇。

万里茶道方城段遗址调查

方城县文化广电新闻出版局　王海林

河南省南阳市古称宛，南阳盆地三面环山一面临水，这一独特的自然环境形成了南阳独具特色的"路"文化，使南阳成为南北东西交通的大转盘、南船北马的中转站。方城县因地处南阳盆地东北缘，是南阳的北大门，伏牛山自西侧、桐柏山自东侧共同向盆地北边延伸，两山在盆地东北部交接，形成了罕见的平原垭口——方城垭口。它是南阳盆地北往中原唯一的天然陆路通道，与太汾、渑厄、荆阮、殽阪、井陉、令疵、句注、居庸并称华夏九塞（《吕氏春秋·有始》），成就了方城独特的"路"文化。史载"楚适诸夏，路出方城"，方城是楚国到达中原华夏的必经之地，现代的南水北调、西气东输、兰南高速公路、郑万高铁等贯通南北的大型工程也从这里通过。古往今来，方城因为独特的地理位置，在陆路交通上担当着枢纽的角色。

万里茶道在方城境内也是走的这条古道，其方向大致为西南—东北向，经过的村镇依次为博望镇梅林铺—博望故城—水饭店—灵龟铺—罗渠铺—廓封—西河口—东河口—西十里铺—城关镇（北新街、山陕庙、晋履泰、下货台）—东十里铺（沙淤铺）—下堡—上堡—招扶岗—扳倒井—营坊庄—三里堡—龙泉铺—大关口，北出方城境。

梅林铺石桥位于南阳市方城县博望镇梅林铺行政村梅林铺自然村（图4-02），清代修建。该石桥为单孔拱券式石桥，东北西南向，长12米、宽5.9米。桥主体保存较好，现仍在使用。

博望石桥位于方城县博望镇博望行政村与东风行政村交界（图4-03），始建于唐代，又称敬德桥，位于博望故城白条河之上，南北向，

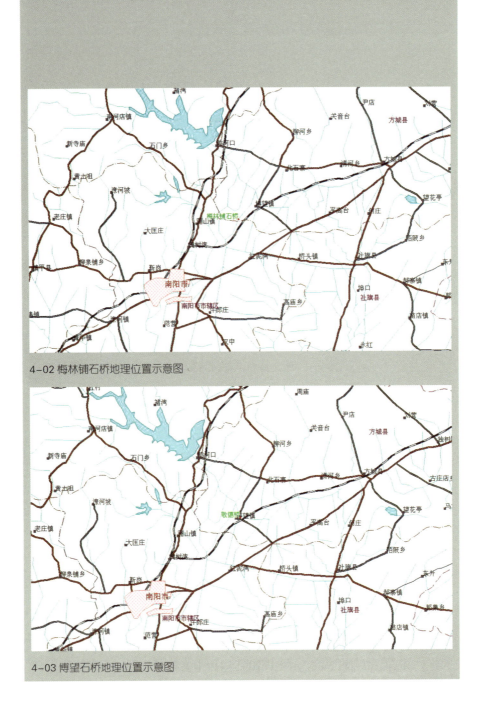

4-02 梅林铺石桥地理位置示意图

4-03 博望石桥地理位置示意图

三孔拱券石桥，桥长48米、宽6米、高7米，桥体使用大量汉画像石筑砌，桥面留有经长期使用形成的车辙印（图4-04）。

水饭店石桥位于方城县博望镇水饭店行政村水饭店自然村（图4-05），双孔抬梁式，东西长15米、宽4.2米、高1.7米，桥面石板厚0.2米，石板间有铁扣铆接。

西十里铺古道路遗址位于方城县清河乡十里铺行政村十里铺自然村

4-04 博望石桥桥面车辙印

（图 4-06），民国十年美国华洋赈会修许南公路，该路渐废，但不少路段至今仍在使用。十里铺段现存古道路宽 10 米、深 1.5 米、长约 2000 米（图 4-07）。古代交通设置为五里一堡，十里一铺，四十里一店，六十里一驿，十里铺村即为原城西十里铺古驿站。

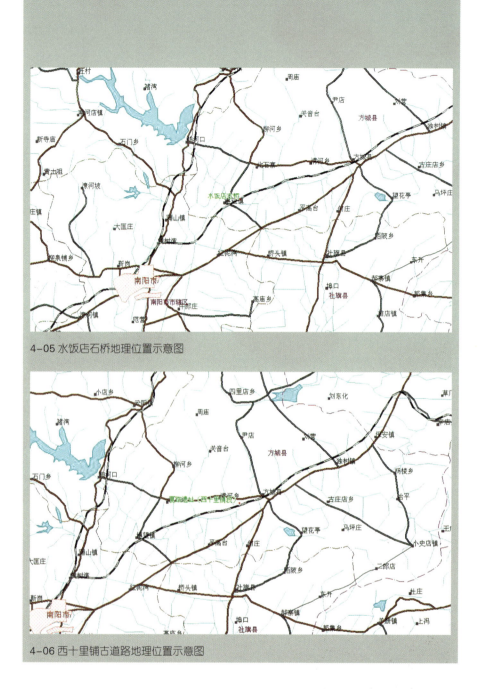

4-05 水饭店石桥地理位置示意图

4-06 西十里铺古道路地理位置示意图

　　南阁街下货台遗址位于方城县城关镇南阁街下货台（图4-08），清代修建。该处为码头遗址（图4-09），古时潘河水甚大，水路交通发达，后因赊店商人砌桥霸商，裕州随堵潘河水，水小，行运渐停。潘河下货台，是水旱交通联结点。方城县"北引河洛、东挟江淮"，是长江流域和淮河流域的分界线。发源于方城的潘河经唐白河注入汉水。古时方城舟楫商贾往来频繁，南方船舶沿唐河上行，经唐河重要支流潘河溯

4-07 西十里铺古道路遗址

4-08 南阁街下货台遗址地理位置示意图

水北上直达方城，潘河成为南方水路北上的终点。1957年，安徽出土五个青铜质"鄂君启金节"，是公元前322年楚怀王颁发给鄂君运输货物的免税通行证，其铭文有鄂君经商从水路经过方城的记载。

晋履泰商号位于方城县城关镇北新街128号（图4-10），原为清代山西晋商票号。该院落坐东朝西，四合院式，临街铺房已毁，现存门楼、正房及南北厢房（图4-11）。建筑均为单檐硬山式，小灰瓦顶，干槎瓦屋面。门楼一间，券洞门，门上镶"晋履泰"三字匾额。正房面阔三间，9.7米，进深一间带前廊，6米。南北厢房各五间，面阔16.3米，进深一间，5米。整体保存较为完整，现当地居民仍在使用。

城关镇山陕会馆位于方城县城关镇文化路西段今城关镇第三小学院内（图4-12），又名关帝庙，为清代山西、陕西两省商贾集资创建，

4-09 南阁街下货台遗址

4-10 晋履泰商号地理位置示意图

4-11 晋履泰商号

作为他们同乡集会的场所。该建筑现仅存拜殿和配殿（图 4-13）。拜殿面阔三间，进深一间带前廊，单檐硬山灰瓦顶。明间设板门，两次间为直棂窗。东西配殿均面阔一间，进深一间。

北新街古道路遗址位于方城县城关镇东关行政村北新街（图 4-14），历代沿用，民国十年（1921 年）美国华洋赈会修许南公路，该路渐废。现存古道路遗迹南北长约 300 米、东西宽 18 米、深 1.6 米，现仍作为道路使用（图 4-15）。

十里铺石桥位于方城县杨集乡大官庄行政村十里铺自然村（图 4-16），该桥建于明代，后复修，为单孔拱券石桥，长 10 米、高 4.4 米、宽 4.5 米，拱券高 2.7 米、跨度 3 米。桥体两侧设长 2 米、高 0.5 米的四块石板立为栏沿，桥身为石条和蓝砖垒砌而成。桥身南、北侧中部镶石雕龙头、龙尾（图 4-17）。桥面为 18 块石条铺砌而成，石条间有铁制

4-12 城关镇山陕会馆地理位置示意图

4-13 城关镇山陕会馆

4-14 北新街古道路遗址地理位置示意图

4-15 北新街古道路遗址

榫钉连接加固（图4-18）。唐时成为长安邓州道的要段，北宋此道称"西南大驿道"，李自成起义军及林则徐出任云贵总督均走此道。桥面平整，栏沿完好，桥身坚固，村民仍在使用。

招扶岗石桥位于方城县独树镇招扶岗行政村西村（图4-19），从现存桥体构件看应为明代建筑。该桥原为三孔抬梁式建筑，因不能满足

4–16 十里铺石桥地理位置示意图

4–17 十里铺石桥侧面

流水需要，后人又在原桥东头加一孔，桥面两边设有望柱和石栏板。桥体上下全系石条垒砌，桥墩由七层石条组成。在桥墩迎水方向筑有分水尖，起到减小洪水冲击保护石桥的作用。石桥桥面保留有因长期使用而形成的车辙印（图4–20）。

光武庙古建筑群位于方城县独树镇扳倒井行政村（图4–21），现

4-18 十里铺石桥桥面

4-19 招扶岗石桥地理位置示意图

存山门、光武殿、道房院、住持房、膳房、玉照堂（接官厅）、井亭、浣池等，是清代著名的驿站。于谦及林则徐先后拜谒并留有诗词。

光武殿面阔三间，进深三间，单檐硬山式建筑。殿前原有卷棚拜殿，与光武殿以勾连搭式相连，20世纪70年代被拆除，殿前现有砖砌月台，殿内塑有光武帝神像（图4-22）。光武庙山门前10米处即为著名的扳

4-20 招扶岗石桥桥面

4-21 光武庙古建筑群地理位置示意图

倒井及井亭（图 4-23）。

道房院内清乾隆十三年（1748 年）修建了畅园（花园），畅园内的主体建筑为玉照堂，即接官厅，面阔四间，进深两间带前廊，东山墙内墙面镶有清嘉庆九年（1804 年）裕州知州单可基的诗迹壁碑，西山墙内墙

4-22 光武庙大殿

4-23 扳倒井及井亭

面镶有同治三年（1864年）南阳知府傅寿彤到扳倒井光武庙宿玉照堂留刻诗文的壁碑。院内现还存有明代以后的碑刻数通，百年以上玉兰、绣球、海棠花树多株。玉照堂前15米处现存有同期建造的十米见方的浣池一座，池边四周青石望柱栏板，栏板分别雕有梅、兰、竹、菊等花卉图案。

　　龙泉铺位于方城县独树镇（图4-24），著名驿站，今存清代老街东寨门，坐西朝东，平面近正方形，南北长8.9米、东西深8.7米、高5.8米，正中为拱券门，通道内壁两侧下部1.5米高由石条砌筑，上为青砖。门洞宽3.74米、高4.4米，南北两壁上部残留有插板门连楹的孔。寨门地面全系石条铺垫的石板路，并向内延伸存有约百米，留有长期使用而形成的车辙印。寨门正中门额之上嵌有道光十三年（1833年）所刻"旭映"二字石匾。寨门上部原有三间门楼，现已毁，但房基仍存。该寨门是方城县唯一保存较为完整的寨门，为镇内老街主要入口。

　　大关口遗址位于方城县独树镇中信庄行政村黄家门自然村（图4-25），大关口为东周遗址，古称缯关、仙翁关，距县城约30公里。西为伏牛山东麓之对门山、旗杆山、香布袋山，东为方城与叶县各辖一半的黄石山西麓之擂鼓台、北岭头、尖山诸峰。西山夹峙，形成隘道，故称"大关口"。2000年9月被公布为河南省文物保护单位。该遗址被独（树镇）拐（河镇）县级公路黄家门段一分为二，东西缺口8米，西侧分别遗存有土、石城垣等关塞工程设施，封堵而防御关口的土城垣有南北两道（图4-26），最窄处相距129.2米。南边一道关口东残长约

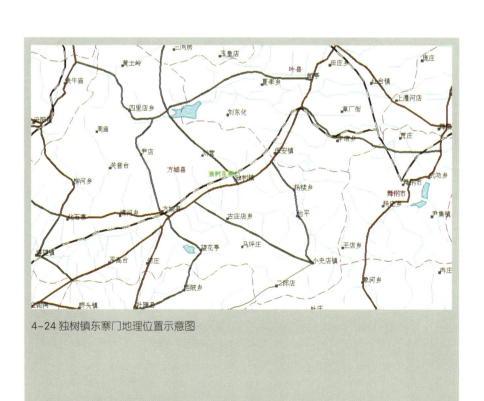

4-24 独树镇东寨门地理位置示意图

4-25 大关口遗址地理位置示意图

4-26 大关口遗址

700 米、断面高 11 米、底宽 10 米、顶部残宽 1.5 米、关口西残长约 150 米。北边一道关口东残长 810 米、断面高 16.7 米,关口西残长 400 米抵对门山。南北城垣之间有约 35000 平方米的地势相对平缓的区域,相传为练兵场。

南召县万里茶道相关遗迹

南召县文化广电新闻出版局　范云刚、贺洋

南召县地处中原腹地，伏牛山南麓，南阳盆地北沿，县境内地势西北高、东南低，以低山、丘陵为主，有"七山一水一分田，一分道路和庄园"之称，面积 2946 平方公里，辖 8 镇 8 乡，340 个行政村，人口 64 万。南召县北与鲁山县、嵩县相邻，西北与内乡县，东部与方城县，南与卧龙区、镇平县相接。境内交通发达，二广高速、国道 207 和省道豫 02、豫 331 线穿境而过。

社旗县赊店镇作为万里茶道豫西南重要的集散地，从赊店镇水路运至的茶叶转入陆运一路向北，下一个集散地是洛阳。从赊店镇北行至洛阳，清初有两条道路，一条是方城道，另一条是三鸦路。关于三鸦路，《南阳地区交通志》记载："三鸦路又称古鸦路，是宛洛通道中的一段，其走向由宛沿白河北上，渡鸭河，经鲁山，汝州至洛阳。"

三鸦路穿山而行，越山而进，依自然山坡、河流来回盘旋，穿行蜿蜒，所经之处山高林密，河流纵横，人烟稀少。虽经漫长岁月，南召县境内仍留下众多历史遗迹。按其行路走向，将万里茶道在南召皇路店、太山庙、小店、云阳、皇后等乡镇发现的文物遗迹分述于后，从而印证三鸦路是万里茶道上的一条重要通道。

（一）鸦路

三鸦路，古之夏路，是古代宛（南阳）洛（洛阳）之间最近捷的通道，秦汉时，就已成为军事、商贸、交通要道。伏牛山地由西向东横亘于南阳于洛阳之间，伏牛山南坡流入淯水（今白河）之鸦河河谷，与南召皇后分水岭北坡流入沙河之灢河河谷，形成了南召北上至鲁山的天然通道，因为路上有三险，而称之为三垭路，也称三鸦路。清乾隆《续修河南通志》记载："自南阳石桥以北至陕州双观音堂，凡数百里，皆鸦路也。"三鸦路由古宛城北门而出，跨净土庵温凉河，沿白河新店夏响铺北上，渡鸦河而后穿山而行，越山而进，盘旋往复，经鲁山、临汝最终抵达洛阳。现存南召县皇后乡分水岭村的清顺治十年（1653 年）鲁阳关楼镶嵌石刻门匾上有"古鸦路"三个大字，题注是"北通晋秦，南扼楚蜀"。

《清一统志》记载，三鸦路，以百重关为第一鸦，从鸭河至兴隆店而舍舟登陆，沿山谷逆流而上，称洼石口（今太山庙乡与云阳镇交界的空山河、鸭河、鸡河交汇的口子河险要处），沿河而上过云阳关（现为小店乡关庄村）至北召店，过皇后峪而至第二鸦分水岭关，再沿河而上，达到第三鸦鲁阳关（俗称过风楼），崇山峻岭之间的三鸦路出口之处，山势逐渐平坦，沙河水势较为平缓，过鲁山、汝州直达洛阳。春秋时，楚国在北方修筑了中国最早的长城——楚长城，而鲁阳关则成为三鸦路上的重要关隘，成为进出中原必经之地和防御北方的屏障。

作为陆路的补充，当时水路交通则从石桥沿白河而上，可分至太山庙的兴隆店、城关的李青店和南河店，乃至板山坪的钟店等大的集镇，形成四通八达的水路交通网，弥补陆路交通的不足，从而有力促进了各类商品的运输和贸易。

（二）向城故址

向城故址位于南召县城南皇路店镇沽沱村西侧。

向城故址东、北接沽沱村，西依焦枝铁路，南至沽沱村水塔。古遗址表面平坦，南北稍长，东西略窄，总面积约 37055 平方米。唐代曾在此设向城县。遗址上散存大量唐代筒瓦、板瓦、陶瓷的残片和宋代瓷碗、瓷盆、瓷碟片等，出土有唐代房州长史王怀璧墓志铭，为向城故址提供了旁证。向城故址的发现为研究唐、宋时期经济、文化、地理、环境变化等提供了重要的实物资料，2013 年 10 月被公布为第四批县级文物保护单位。

王怀璧墓志铭：1981 年文物普查时在皇路店镇魏庄村发现。此墓志为青灰石质，略呈正方形，无盖，上刻楷书墓志铭并序，字行间有直线格，四周无饰。高 46 厘米、宽 53 厘米、厚 8.5 厘米，共 24 行，满行 21 字，保存较好。铭文记载了王怀璧的简历、功绩和死后埋葬情况及地点，为唐代向城县故址提供了确凿证据。墓志铭最后落款为"大唐故朝议郎行房州长史王府君墓志铭并序，乡贡进士杜僖撰"，内容为：

我唐圣□万国，弥纶八极，于今二百年矣。是以文武有结，英贤挺生，故王公之门弓裘不坠。公讳怀璧□太原河东蒲坂人也。曾亮宁州丰利县令；祖丞威会州司马；父仙童吏部常撰。承家门望，奉国忠贞，名亚前贤，芳流后嗣。公荣历任军功解褐，初授蕲州蕲水县丞，清规七曹，光赞百里；又改邓州新野县令，奸邪不生，政声美著；又除向城县令，境肃人安，去贪息暴；又迁房州长史，政刑不饶，郡风转清，实谓古之题舆于焉可比。辞满有日，归车向城，岂期积善无庆，旻天降祸，春秋七十一，瘠疾终于道路。呜呼！无子绝孙，扶榇羁魂，金玉途□，□琴莫存。前夫人李氏，枝连玉叶，德誉高门，未终偕老，早殁殊土，以贞元十三年，岁次丁壬十一月四日，同葬于邓州向城县西鄂乡遵孝原，就姚茔礼也。后夫人弘农杨氏，柔日捶性，敬让通规，举事不差，凶仪必备。痛惜身无后胤，继嗣莫从，乡关又遥，亲戚绝吊，名讨市舍，坟蹯蒙山，庙星徂流，陵谷迁变，乃勒贞石文而志之。铭曰：漪欤王氏，邕和君子，为政准绳，作人政纪，输忠诚后。立义争先，断物剑利，临人镜阁。皇天伊何，丧我明哲，玉坠崐山，名销魏阙。□湖水之右，蒙山之阳，前临古陌，后枕高岗，白鹤梳莹，青鸟卜地，愁云惨空，孤猿恸叫，斜日沉沉，玄堂荫荫，一倾柱石，□□人琴，天道何常？□生云隔，空令后人，伤看松□。

（三）东抬头石拱桥

东抬头石拱桥位于南召县城东南 45 公里皇路店镇鸭河村，横跨在由东向西流淌的小河之上。据《南召县志》记载，石拱桥始建于唐代。后由于洪水冲毁，清道光三年（1823 年）重建，并立《修道路桥梁碑》。此桥为单孔石拱桥，长 7.4 米、桥面宽 5.95 米，桥基高 1.37 米，拱高 4.36 米，桥面两旁原有石栏杆，惜已不存，现护栏是近年所加。石拱桥古朴大方，建造精巧，桥体结构稳定，可以通过小型车辆。东抬头原为宛洛大道必经之地，此桥在历史上曾发挥过重要作用，现仍是连接鸭河口村南北两端的交通要道。2013 年 10 被公布为第四批县级文物保护单位。

修道路桥梁碑：1983 年，南召县公路段修交通志时在鸭河发现，搬运至皇路店汽车站内保存。碑为青石质，碑首为圭形，上端正中阴刻楷书"福禄攸同"，碑体为长方形，四周以单线缠枝花纹、规矩纹为饰。碑通高 178 厘米、宽 76 厘米、厚 16 厘米。碑文如下：

> 癸未仲春余承命未莅兹邑，甫下车，先访察民间利弊，及地方应行修举，兴革事宜。知治南五十余里之皇路店，滨临白河，平时水宽十余丈、深四五尺不等，每遇夏秋大雨连霆，西北诸山之水，皆倾注汇入，崩腾澎湃广忽数百丈，迅急若驶，坡地民庐居高远隔，尚无为虞。而病涉者辄欤无渡。闻之于余，心有戚戚焉。爰诣望乡进绅耆而问，佥曰：诚哉为患已久，虽向有民船济渡，而榜人不免勒索，行者视为畏途。今明公来询，殆有意於斯乎？余曰：此固有司之责也。忆余束发受书，即知徒杠舆梁之制矧。现奉恩诏饬修道路桥梁，余今为兹邑宰敢诿诸异人，人任惟功必图，望垂久力尚。赖夫众擎欲民之无病涉也。贮舟梁宜因时而备欲人之毋勒索也。则口食宜优给望赀。今余先捐俸百金以为倡，而众绅士皆欣然乐从，闻风慕义，各输赀有差，集成金凡造船只，其余买地，每岁棵租除完正赋外，余为舟子工食，暨孟冬修搭桥梁之费。期月而事已竣，

众皆曰此实余之功也，请志诸石永垂不朽。余曰：此固有司之责也，亦赖尔众多士之力也，余何功之有焉。诸生人等皆端方士也，将其事他，如四方之绅士商民，好善乐输，皆例得出名，于左是为序。赐进士出身、翰林院庶吉士、南召县正堂，加五级纪录十次，周兆锦撰文，捐银壹佰两；殷同太钦赐南阳镇标右营、南召汛城守营司厅、加三级记录五次朱中林捐银伍拾两；铁笔谢应祥，敕授修职郎、辛酉拨贡、署南召县教谕，加三级支登瀛，捐银伍拾两；敕授修职郎、丙午科举人，候选知县，备补南召县训导，加三级邱毓辉，捐银伍拾两；付贤，特授南召县右堂，随带贰级，纪录三次钟源，捐银伍拾两；南召县儒童丁惇书丹。大清道光叁年岁次癸未肆月榖旦。

（四）天宝观

天宝观位于南召县太山庙乡王庄村毛庄自然村，原为明代道人张三丰修行之所。道观原址位于东风厂南 1000 米左右，毛庄自然村村民于 2004 年把石碑拉到现址重新建立道观。天宝观现存明成化二十三年（1487 年）"天宝观重修碑"、明永乐年间"御制香书"碑、明崇祯七年（1634 年）"朝圣门"碑及明代二龙戏珠雕刻。其中"天宝观重修碑"高大古朴、造型优美，石碑正面刻有张三丰画像，生动体现了张三丰的性格特征。碑文记载明永乐皇帝对张三丰的敬仰之情，对张三丰的品行给予高度认可，同时从碑文中可以看出明永乐皇帝曾数次邀请张三丰进京而其不受，这与清乾隆八年（1743 年）县志记载基本吻合。

（五）云阳关

云阳关又称关庄寨，位于南召县小店乡关庄村关庄组，距九里山口子河隘口约 500 米。城墙东部、西部保存基本完好，南部与北部，特别是北部，残损严重。该寨是一个村落性的围墙城，干垒石建筑，东西长 195 米、南北宽 122 米，面积 23790 平方米。关庄古称云阳关，是古三鸦路南段的重要城池，战略地位十分重要。寨内保存有少量明清时期的古建筑和古代石刻遗物，有一定的历史和研究价值。

（六）山陕会馆

山陕会馆位于南召县云阳镇二小院内，为明末陕西、山西两省的商人集资所建，原内供关公、财神、马王、药王等神像，犹如庙院，故名山陕庙。清嘉庆十五年（1810年）五月，在云阳山陕庙建立高五丈的钟楼、鼓楼各一座，由于年久失修，建筑已自然损毁。

（七）城隍庙戏楼

城隍庙戏楼位于南召县云阳镇老城居委会，云阳蚕场招待所院内。城隍庙戏楼建于清光绪年间，原城隍庙殿堂已倒塌，现仅存戏楼。戏楼坐南朝北，面阔三间，10.5米，进深一间，7.6米，为硬山式两层建筑，通高9.7米。屋顶上有灰筒板瓦覆盖，砖雕脊饰。正面四条石柱上刻有对联两副。曾开辟为云阳镇夕阳红文艺茶社，作为老干部活动场所，现已停用。2013年10月被公布为第四批县级文物保护单位。

（八）覃怀会馆

覃怀会馆坐落于南召县城东35公里云阳镇原微型电机厂院内，现存瓦房三间，砖木结构，白灰粉墙，灰瓦覆顶，与民居无异。供奉武财神关公神像，仅有一名信众看管。院内散存清代石刻碑碣三通，其中一通为"增修覃怀会馆碑记"。覃怀会馆建于明代，由山西、陕西商人及当地乡绅集资兴建，由于年久失修，到清代同治年间仅存"神殿三间，道房、山门亦属略具"。经当地乡绅钱姓大户倡导、劝捐并会所积蓄，"增修拜殿三间、大王财神殿二间、马王药王殿二间、客堂东西各三间、厨屋三间、道房二间、山门三间"，使覃怀会馆初具规模，同时，将殿宇、门窗修缮一新，重新油漆一遍，呈现兴旺面貌，当地居民俗称南怀庙。

增修覃怀会馆碑记：圭形首，通高170、宽58、厚16厘米，碑首以卷云纹为饰，正中阴刻楷书"声融绣石"四个大字，碑首下部以规矩纹为饰，碑身两边以佛八仙图案为纹饰。碑身阴刻文字16行，第3、7、16行顶格书写，其他行降二格书写，满行42字，计414字，楷书体，内容为：

增修覃杯会馆碑记。窃维关圣帝君声灵赫濯，威烈光昭。上自京师下迄直省郡县，莫不于会馆奉圣之地。矢厥虔肃务，使规模宏敞，殿宇森严，用昭尊崇至意。惟覃怀会馆仅有栖，神殿三间，道房山门亦属略具。每值酬神之期，众乡友释莫于兹，偶遇阴雨，既苦无从拜跪，亦且无所庇身心，窃忧之所以。屡议重修，增广栋宇，奈工程浩繁，会馆积财无多，恐不敷用，遂因陋就简迁延至今。幸有序东钱君乐善好义，不忍坐听，毅然身任其事，时而酌议、倡捐以图斯举，有兹领袖而襄事者亦乐分其劳，各劝捐于四方。勿论懋迁，勿论移籍，凡属乡友莫不云集响应，欣然乐输。统所捐并会所积，计得钱若干。于是稽出，纳兴土木，增修拜殿三间、大王财神殿二间、马王药王殿二间、客堂东西各三间、厨屋三间、道房二间、山门三间，户牖房阶圮靡不备具，又次第髹以示更新。其工肇于同治丁卯年夏初，讫于巳巳冬初，鸠工庀材，襄事因不惮辛勤而采办物料，董率匠役，朝夕省视，久而罔懈者。钱君之功居多，同乡友慕其德，不隐湮没其功，索叙于余，因忘谫陋聊述巅末是为记。候选儒学训导张慎承撰文，邑庠生郑玉堂参酌，癸酉科拔贡张翰英书丹。大清同治十三年仲春月合社立。

（九）皇后郭庄七里堂蚕姑庙

郭庄七里堂蚕姑庙位于南召县城东北48公里皇后乡郭庄村郭庄组西北部，现为村小学。蚕姑庙建于清代，称蚕神祠，俗称"圣姑堂"，因所建土地属齐氏家族所有，也称齐家堂或七里堂，是为了纪念蚕姑娘娘、祈求柞蚕丰收而修建的，与南召悠久的柞蚕养殖生产历史有关。后来因失修和战乱而损毁殆尽，解放后又在原址之上重新修建，原有房屋九间，供奉蚕姑、圣母、火神、天地全神等神像，祈求风调雨顺，物阜年丰，使蚕农生活幸福，安居乐业。遗址呈正方形，长宽各 30 米，院内有清朝光绪十年（1884 年）所立的"蚕坡章程碑"一通，碑碣两面刻字，碑文 460 余字，概述了南召的自然风貌，农桑在县邑财赋中的地位，为保护和发展柞蚕养殖制订的五条章程，明令严格遵守。碑阴 270 余字，回顾了我国蚕桑发展的历史概况和制订章程的重要性。"蚕坡章程碑"是南阳市区域内发现的重要碑碣之一，1980 年 4 月被公布为第一批县级文物保护单位。2013 年 10 月，郭庄七里堂蚕姑庙遗址被公布为第四批县级文物保护单位。

蚕坡章程碑：1979 年，南召县文化馆在皇后乡郭庄村小学墙壁上发现。碑身高 1.5 米、宽 0.62 米、厚 0.20 米，碑阳额书"永垂不朽"楷书大字。碑文 460 余字，概述了南召的自然面貌和农桑在县邑财赋中的地位，碑文写道："召邑地脊民贫，尤赖养蚕为事畜之助"，为此，特"酌定章程，永远奉执。"章程要求邑绅民人切切执行各项条款，"不得面从心违"，违者"经地保送官责治"，对于"结党勒讨，乘间偷窃者"按"盗贼例治罪"。碑阴共 270 余字，碑文回顾了我国蚕桑发展的历史概况和制订章程的重要性。正面碑文内容为：

赏戴花翎候选知府、另补知县，署理南召县正堂加五级记录十次丁为：剀切晓谕永期奉行事，照得天下大利，首重农桑。召邑地瘠民贫，尤赖养蚕为事畜之助。本县自去秋以来，虔诚默祷，议建蚕神祠，为阖县祈福。功既告竣，理合酌定章程永远奉行，为此示仰阖邑绅民人等知悉。所拟各条，凡养蚕之家，均宜遵。倘各条内或有不便，急宜增减者，亦即随时呈明改正，不得面从心违。则天麻人和互相感召，本县实有厚望焉，切切特示。计开条规：

广植蚕坡，以资喂养也。召邑山坡宜栗养蚕，凡坡有荒弃者，悉力栽种，如无力之家，商同邻佑帮种，或出资伙种侯，获利按股均分。有抗违者，准地保指名送官责治。

保护蚕坡，以垂永久也。凡坡栽后，倘有渔利之徒，斫条刨根，毁打湿干圪塔及牛羊践牧栗芽者，准地保指名送官，轻则责罚，重则枷号，决不宽贷。

爱养蚕蚁，以阜民财也。凡茧择种之始，几费经营，及入坡之后，急宜爱养。近有无知之徒，每在蚕蚁场中，放牧牛羊，任意践伤则收成无望，殊堪痛恨。准地保禀官责治。

严禁抽丰，以杜诈索也。每遇丝茧丰收，即有棍徒聚众索茧，托言乞求，与抢夺无异。即拾茧亦必俟放刈方准。倘有结党勒讨、乘间偷窃者，准地保查获送官，定照盗贼例治罪。

樽节草木，以裕民用也。凡物必以时取，则本不竭、用无穷。霜降前，不准割黄柏草，橡子未落不准振打。有外境拾柴人，毁伤薪木及放荒烧山林者，准地保送官责治。右谕通知。

蚕坡章程碑背面碑文：

保护蚕坡序，国家首利，农桑为要。其培也宜深，其防也宜密。昔黄帝夫人亲教民蚕，此食桑蚕也。桑固不可以不树。后汉光武纪，野蚕成茧，被于山阜；而明成祖时，山东复有野蚕之瑞，此皆食栗蚕也。栗又不可以不养，此先王所以斧斤有戒，山虞有禁也。我召皇后峪，山多田少、地瘠民贫，所幸者坡宜槲栗，能养山蚕，以利民用，则蚕坡之益人匪浅鲜矣。近有渔利之徒，斫条刨根，毁典之家，伐薪烧炭，以至樵者采，牧者践，种种弊端，难为枚举。道光十二年，合乡建蚕姑祠于齐家堂同垦。邑侯胡公出示禁止，有碑记可考。同治十三年，邑侯丁公，修先蚕宫于南石庙遂酌定蚕坡章程，急为出示严禁，而蚕坡之害得少息焉。首事人等恐久而漫灭，顽梗之辈复蹈故辙，特将告示章程刻著于石，以垂永远。于是乎序。邑优庠生廉法俊撰文并书丹，首事人耆老廉广益、宋之崇，监生温清俊、张国祥，监生高姝联，九品监生廉广居，监生刘庚三、刘成德；典籍官段书秀，九品监生廉清光，耆老廉善纯、高同德、仝建；监生赵帮哲、梁士堂，监生李芳清、王振家；武生高星联，九品监生陶成玉，监生赵帮相、廉善习。大清光绪十年七月。

（十）王婆庙

沿省道 S231 线一路向西，在南召县皇后乡分水岭村黑龙组的公路左侧 30 米处，有一道自然形成的山梁，在一块相对独立的巨石上，有一人工开凿的石窟，距地表 1.5 米高，坐东向西，门高 1.7 米、宽 1.1 米，洞内南北并列两室，外室面积较大，内室较小，外室宽 2 米、深 3.3 米，靠后内室宽 1.1 米、高 1.1 米，近似方形的平台，石壁上隐约可见背光和彩绘，洞内已空无一物，当地老百姓称之为王婆庙，这一巨石外形像馒头，石质为黄砾石，经自然风化，石质较为疏松，易分层剥落。王婆庙还有一段传说，据说在西汉末年，王莽篡汉建立新朝。南阳王刘秀首义征讨逆贼，刘秀一方面避其锋芒，又一方面四处联络各地义军。有一次遭到王莽军的追击，刘秀一路狂奔，到此地迷路，心慌意乱中，难辨方向，而后边追兵渐近，人喊马叫，情况紧急。慌乱之中，遇到路边茅屋中一位正在忙碌饮食的老婆婆，见刘秀就要蒙难，便指引其躲进山后。追兵赶到，问是否见一男子路过。老婆婆知刘秀饥渴难耐，山路崎岖，断然走不多远。就假意让王莽追兵下马歇息，吃了即将出笼的馒头再走，追兵又累又饿，看见灶间热气腾腾，就翻身下马，等待老婆婆馒头出笼犒军。就这样拖延了几个时辰，追兵数问老婆婆都说快熟了。时间太久，追兵不禁恶向胆边生，叫道：什么馒头这般时候还不熟？就是石头也早该熟了。起身一脚将蒸笼踢翻，像馒头一样的石头滚落地上。追兵大怒，回头找老婆婆已不见踪影。就这样，刘秀躲过了追兵，安全脱险。

刘秀光复汉室后，建都洛阳，派专人寻找恩人未果，命人在原址开凿石庙供奉老婆婆世受香火，人称王婆庙。此处山高林密，野生酸枣树随处可见，吃着酸涩的酸枣就像品味着人生百味。

（十一）云阳镇

云阳镇位于南召县城东 35 公里，2012 年 1 月被河南省政府公布为河南省第三批历史文化名镇。镇区总面积 152 平方公里，辖 6 个社区、19 个行政村，人口近十万人。云阳镇山川秀美，文化积淀深厚，历史文化资源丰富。春秋属楚，战国属韩，秦统一后始置雉县，两汉因之，明成化十二年（1476 年）重新建县，以南召店而定名为南召县，沿袭至今。云阳交通便利，焦枝铁路、豫 02 线、豫 50 线交叉穿镇而过，是宛北重要交通枢纽，农业资源突出，是中国辛夷之乡、玉兰之乡、中国柞蚕之乡，是河南"十佳名镇"，南阳市五星级城镇。据明嘉靖《南阳府志校注》第一册"城池"记载："南召县城，国朝成化十二年，南阳府同知任义、知县张琪始筑，周围三里四十步，高一丈三尺，厚一丈五尺，壕深一丈，阔二丈。门三，东曰东兴，南曰南远，西曰永丰，上各建楼。正德辛未，流贼之变，都御史邓璋檄南阳府同知孙大坚，知县李玺甃，以砖石增高五尺，厚如之，壕加深五尺，阔亦如之。正德戊寅，知县彭伦增修建窝铺八。康熙南阳县志：南召城，嘉靖甲午（1534 年），知县冯鲛重修，东门曰通汴，南门曰近宛，西曰连嵩，各增建成楼。隆庆庚午（1570 年），知县李玺更于北城建楼题曰望京。吏部员外郎方九功记。顺治十三年（1656 年），知县马应祥重建南远门，后屡修葺。"《南阳府志校注》第一册"形胜"载："南召县，诸山戟列于四周，二水交流于左右，山川险塞为南阳之最。"

云阳镇现存老县城地望，西门仅存护城河桥栏，南门已不存在，东门也仅剩一座横架于护城河上的小桥，桥上建筑白衣阁在"文革"前拆除，北面还留存一段不足 500 米的城墙。

云阳镇辖区内有全国重点文物保护单位一处，为杏花山南召猿人遗址；县级文物保护单位六处，为文庙、清真寺、城隍庙戏楼、西花园、九里山韩信寨古长城遗址、陈谢兵团前委会议旧址等。有国家级古村落一处，为云阳镇老城居委会；河南省省级古村落两处，为老城、大关居委会，还有河南省非物质文化遗产保护项目，民间舞蹈——云彩灯。另有南召县衙旧址、鸦路镇巡检司旧址、楚王行宫遗址、山陕会馆、覃怀会馆、道教圣地兴阳观、明代护城河遗址等文物古迹，文化旅游业发展前景广阔，潜力巨大，将成为云阳镇可持续发展的朝阳支柱产业。

万里茶道视域下的清代商业重镇冢头

——基于郏县冢头镇会馆碑刻的考察

郏县文化广电和新闻出版局　刘继增

　　位于伏牛山东麓的平顶山境内的国家历史文化名镇冢头，引起学术界的关注，但多集中在冢头镇的茶俗和历史文化名镇保护规划的新理论应用与实践探析上，如孟宪明、程健君的《中原民俗丛书·民间百工·茶馆》、张伟豪的《中原地区茶馆文化探析——以河南中部乡间古镇为例》和张永超的硕士论文《"织补理论"在河南郏县历史文化村镇保护规划的应用探析》、刘英杰的《河南传统商业街调研与设计实践探析》，万里茶道视阈下的冢头镇研究暂付阙如。以此为视点梳理国家历史文化名镇冢头的建镇史显得尤其必要和迫切，对于探究茶路文化和茶路精神也有其标本意义。

（一）冢头在万里茶道河南段东、西路的地位

　　万里茶道河南境内分为东、西两路。梳理祁县乔致庸大德诚文献，还可发现大德诚商号从赊旗发货走东路、西路运送茶叶作秤例底、口规例底、牛车估马车脚底、马车估牛车脚价和《光绪二十三年（1897年）赊（店）合行公议发货限日期新定章程》的相关档案。大德诚属祁县乔家堡联号之一，以茶贸为主，兼有票号的联系。从其文献中可窥测万里茶道河南境内东、西两路的大致路径。

　　赊旗发货走西路作秤例底：

　　　　发汝州、河南府杂货、茶梗，无论牛、马车，俱加八秤规，实划加九之秤，归西路讲。发东（口）路：花园、柳园口……禹州，

牛、马车俱加秤规，惟禹州药材加五秤规。

光绪二十三年赊（店）合行公议发货限日期新定章程：

河南府（今河南洛阳）、汝州、禹州马车脚价付九次一，以十天为期限，二十天见票，误期每车罚银八两；会镇（今三门峡市湖滨区会兴镇）马车限发十六天送到，三十天见票，误期每车罚银八两；汝州、禹州牛车限十二天送到，误期每车罚银二千钱。[1]

赊（旗）发禹（州）花茶牛车估马车脚底、马车估牛车脚价：

总以五四六八七五为实。按每单脚银若干合之，多寡再加禹（州）发汜水脚钱若干，以实价作银，以六八伸毛银多少，二共合毛银多寡及系每千斤合归马车脚价。答曰：五四六八七五，顶花茶二十五件，除过捎载，净担。假如禹州每单脚银一两五，置五四六八七五担，以一两五分合毛银八两二钱零三厘，再加禹（州）至发汜（水）脚钱就是。假如禹（州）汜（水）每件脚钱二百五，每件花茶作四十斤，该每百斤脚钱六百二十五，以时价作银若干，以六八伸毛银，该千斤毛银五两七钱九分七厘，再加八两二钱零三厘，共合马车每千（斤）毛银十四两。

马车估牛车脚价：

总以马解价若干，除过禹（州）发汜（水）解钱，作毛银净剩多寡为实，置五四六八七五为法归得。即系牛车每担毛银若干便知。假如马解车价一十四两置之，除过禹（州）发汜（水）脚钱，假如每件二百五十，合归千斤钱六千二百五，以时价作银若干，再以六八归毛银五两七钱九分七厘除之，净剩八两二钱零三厘为实，以五四六八七五为法归得每担牛车脚银一两五。[2]

1 史若木、牛白琳：《平、太、祁经济社会史料与研究》，太原：山西古籍出版社，2002年。

2 史若木、牛白琳：《平、太、祁经济社会史料与研究》，太原：山西古籍出版社，2002年。

乔致庸大德诚文献"禹（州）发汜（水）口规例底"中有东路"禹（州）距赊（旗镇）三百二十里、禹（州）距汜（水）三百九十里"的记载。道光《禹州志》所载《禹州舆图》，明确标注着禹州"西南至郏县界大王家庙四十五里"。大王家庙即山陕商人所建之冢头镇会馆。"四十五里"是运送茶叶的牛车、马车大约一天的路程。禹州，是万里茶路东路的一个州级节点，集中了山西会馆、十三帮会馆、怀庆会馆等会馆。赊旗是万里茶路在河南境内有水路转旱路的起始点。据光绪《南阳县志》卷三载，赊旗"南船北马，总集百货，尤多秦晋盐、茶大贾"。

冢头，早在汉代就是一座城，名曰纪氏城。由于中原动荡，该城明代沦落为"店"，名曰冢头店。清代康乾时期再度崛起为"镇"。康熙《郏县志》载"郏市之大者，惟东西两郭外与冢头镇"，"商旅辐辏"，冢头镇"市易之区"就在"冢头镇桥之西"。

郏县县城现存康熙年间由21位山陕商人捐资修建的山陕庙，支应茶道西路客商，经由汝州（郏县隶属汝州）、河南府（今洛阳市），经孟津县白鹤镇的白鹤渡口过黄河入山西境。距郏县城三十五里的冢头镇，康熙年间山陕商人所建的冢头镇会馆又称大王家庙。从道光《禹州志》所载《禹州舆图》看，大王家庙则是通向茶道东路的一个重要地标。从冢头镇会馆再出发，走四十五里至禹州城，经由汜水（今河南荥阳）至花园口，过黄河经怀庆、河内进入山西境内。郏县县城，作为连结万里茶道河南境内东路、西路的交通枢纽地位的轮廓得以凸显。

在冢头镇会馆内至今保存着乾隆六十年（1795年）东路油坊全胜批的立石，碑文竖行排列、共七行。碑题为"特授郏县正堂加五级纪录十次记大功三次毛为，永为定例，不得扳扯事"，"特授"二字为抬格书写。碑文如下：

> 照的差务，旧规所用油斤，在城有在城油户支应，东路有东路油户支应，历年许久，未便更章。乾隆四十六年在城油户具禀东路油户抗不办公一案，已经前任康断明照旧办理。至五十六年，复禀

文。经前任丁批，云仍照旧规。今文具禀本县。本县查得，东路地
方乃为东西通衢，差务甚繁。所需油斤实系东路油户协商办理，并
未扳扯在城。今在城油户何得扳扯东路，此后各办各差，永远为例。
凛遵毋违！

从碑文可知，一是冢头作为茶路的东路地方，"乃为东西通衢，差
务甚繁"。二是过往客商所用油斤在城有在城油户支应，东路有东路油
户支应，历年许久，已成规矩。随着东、西两路的客商日渐增增多，在
城油户开始板扯东路地方油户并诉至县衙，从乾隆四十六年至乾隆六十
年历经康、丁、毛三任知县的三次断案，官司持续了14年。三是乾隆
六十年经由知县毛师沆公断"在城有在城油户支应，东路有东路油户支
应，永为定例、不得扳扯"后，东路油户将知县断案公文刻石立碑。

（二）冢头镇会馆的空间形态和文化内涵

由山陕客商所建冢头会馆，始建时间至迟在康熙五十五年之前。据
清嘉庆十三年（1808年）《冢头镇会馆财神社施地碑记》载："冢头镇
会馆财神社之有余金也，何昉乎尔？昉于康熙五十五年。"乾隆十九年
（1754年）《重修大殿暨庙门碑记》载有"郏邑冢头镇蓝水之上，旧有
大王尊神暨关圣帝君庙，乃山陕客商所建"。

冢头会馆主恭殿为恭奉大王尊神暨关圣帝君。大王尊神和关圣帝君
各分恭一殿，两殿坐北面南，之间有一米便道通往后院。乐楼距主恭殿
27.6米，坐南面北，与主恭殿构成会馆的行为核心和精神核心。会馆的
整体布局遵循"北屋为上、倒座为宾、两厢为次、杂屋为附"的中国传
统建筑礼制规范。其建筑依次为大门、乐楼、主恭殿。主恭殿有两廊连
接，毗邻两侧有东、西道院，并附有茶亭一座。

1. 会馆的管理

冢头会馆管理由总理社首、财神社、主持负责。从碑刻可知乾
隆十九年，总理社首由新义典、恒盛号、盛顺号三家商号担任；乾隆

三十三年（1768 年）由宋恒聚、阎通盛、焦万顺共同担任。财神社负责财务管理，由十二家发起者组成，立有"除元日聚会之外，不许私请年客，如有犯者罚艮（银）五钱"的严规，十二家发起者分班经营、主持。乾隆十九年的主持是程阳全、袁阳贵；乾隆三十三年是程阳全；乾隆四十四年(1779 年)由郭恩康任主持，其徒曾孙李德遇在县道会司任职。

2.日常经费保障

据嘉庆十三年《冢头镇会馆财神社施地碑记》载，冢头镇十二家坐商，康熙五十五年各出己赀，为元日敬神之需，仍严立规："除元日聚会之外，不许私请年客，如有犯者罚艮五钱。历年久远，积艮（银）五两余。此财神社余金之所由来也。又虑此举久而复失，即此十二家分为四班，轮流经管。复而又始，所得利钱每岁遇诸神圣节费，用余仍作本。延至乾隆三十六年，共议置地八亩，使钱六十一千六百文，税契用钱三千八百文。三十九年献扁演戏，使钱三十四千四百十五文。余金仍轮流经管，自此以后有绩入社者矣。有血本匮乏者矣、有携费回家者矣，迄今数十余年，人数俞少，仍旧经管者仅余辛五常、郜新盛三家。嘉庆十二年公议置地十七亩，使钱贰佰壹拾五千一佰十八文，税契用钱二十千零九佰二十二文，筹明现存钱二十九千二佰三十四文，竖碑演戏使用。地交住持经管。所分仔粒入社公用，遇敬神时住持预备祭物。"这使得圣诞日、朔望期和元日敬神有了经费的机制保障。

在维修冢头会馆和扩建竣工之时请冢头当地或原籍士人撰文、书丹，勒石立碑，以垂永久。据乾隆三十三年《新铺庙地彩两廊建茶亭理东隅碑记》载："冢头镇之有会馆由来久矣。先客原创始于此，相地度形而成。此浩荡之功，盖不知几为筹划，几为建殿。"因此，乾隆十九年重修大殿暨庙门竣工，即请郏邑增广生员刘天叙撰文、山西夏县生员王人英书丹。乾隆三十三年，新铺庙地、彩两廊、建茶亭、理东隅的工程竣工，请平阳府翼城县后学弟子王权撰文、山西潞安府长治县后学弟子张光耀书丹。

（三）冢头镇会馆折射的坐商主体及其与地方的互动

冢头会馆是冢头由"店"到"镇"发展的里程碑，会馆及相关碑刻是冢头镇商业发展的历史见证。纵览中国会馆发展史，会馆的创建尤其是商业会馆的创建，一般来说应当具备三个基本要件：一是有相当数量拥有实力的坐商，这是会馆建设的商众基础；二是有相当数量的资金来源，这是会馆创建的经济基础；三是坐商中有众望所归的代表性人物，这是会馆创建的机制保证[1]。冢头镇会馆建成后在运营过程中坐商的实力不断增强，仅乾隆时期三次维修扩建参加捐资的坐商有111家，自己的商号已达48家。会馆财神社的成员坐商由12家增加至16家。

从平阳府翼城县后学弟子王权为碑刻撰文、山西潞安府长治县后学弟子张光耀和山西夏县生员王人英为碑刻书丹来看，冢头镇的坐商应是以潞泽商人为主体。沈思孝在《晋录》云："平阳、泽、潞，豪商大贾甲天下，非数十万不称富。"[2] 冢头坐商由"开中法"而崛起，为富一方，称雄天下两百余年。"开中法"就是让商人把粮食运送到指定兵站，然后发给贩盐许可证，以准许其贩盐作为报酬。自从官府允许商人参与贩盐以来，出现了一批因此致富的大商人。平阳府翼城县王权在所撰《新铺庙地彩两廊建茶亭理东隅碑记》更有"余居镇日久，其事之起止、始末粗知而述其实事"的记载。

冢头会馆在乾隆十九年重修大殿暨庙门时仍不知大王尊神是何方神圣，《重修大殿暨庙门碑记》云："惟关帝夫子丹心照于日月，浩气溢乎乾坤，百世而下，愚夫愚妇犹切景仰，何庸予言复赘。至于大王之

1　王兴亚：《清代怀庆会馆的历史考察》，《石家庄学院学报》2007年第1期。

2　雨水：《潞商财富神话两百年》，《山西青年》2007年第1期。

神，或即古之所谓河伯，与仰别有其说与，予不得而知也。……由斯以谈一邑一乡，人炯辐辏之区，隆庙貌、馨俎豆，踵事增华，久而弥虔，良有感也。"由此显示出山陕商人借庙为馆、建馆为庙，不仅是单纯地祭祀神灵，入境随俗，包容共生，亦有其借助神灵展示形象的显著特征。

坐商与地方上的互动关系主要体现在对地方公益事业的支持上。如乾隆元年（1736年），地方在冢头镇河西重修玄武阁、创建文昌阁，坐商部成号等商号和当地民众捐银一百九十五两；同治三年（1864年），郏县知县张熙瑞为解决生童膏火之赀，多方筹款，置生息银三百两，人和号、福祥店承领生息，每月二分每年共出息银七十二两，生息钱二百千。"俾生童有膏火之赀，则文风日上，才士蔚兴"[1]。官方则为其修桥铺路，创造环境。乾隆《郏县志》卷五载："蓝水桥在县城三十里塚头镇西门外，镇为川陕孔道、商旅辐辏，蓝水绕其外。旧石桥卑陋倾圮。每遇秋夏河水暴涨、冲激弥漫，甚为居水行人之患，雍正二年知县陈王绶捐俸重修。重修后的蓝水桥高大宽敞，民称便焉。"陈王绶，浙江永嘉人。据光绪八年《永嘉县志》卷十五载，陈王绶重修蓝水桥"由是邑中泉货流通"，离任返乡时"民哭送数百里不绝"，冢头人在蓝水桥头立陈王绶长生碑，入祀郏县名宦祠。"蓝桥春涨"跻入"郏县八景"之列。

（四）余论

1. 塚头镇是随着万里茶道河南境内东路崛起的商贸重镇之一

冢头汉代为城，明代沦落为店。作为万里茶路行商打尖歇脚之地，以潞泽坐商为主体捐资兴建的冢头镇会馆成为万里茶道东路的地标和冢

---

1 〔清〕《郏县志》，郏县档案馆馆藏。

头由"店"到"镇"再次崛起的标志，会馆现存的相关碑刻见证了冢头"东西通衢，商旅辐辏"的繁华。

2. 冢头镇会馆的独特文化内涵

作为万里茶道东路文化地标的冢头镇会馆是我国境内万里茶道上山陕会馆的建筑布局中唯一的一座以主恭大王尊神暨关圣帝君的庙院，两座大殿东西并列成为会馆的精神核心。以关羽信仰作为精神标示的晋商创建的这座会馆，入境随俗，以庙为馆，建馆为庙，以其独特的建筑语言传递出中国传统文化的中和、包容、和谐双赢的茶道精神内核。

3. 商贸的繁荣带动了当地文化教育的发展

冢头镇康乾时期先后出现了文、武两进士。冢头镇南大街的刘斯和，乾隆三年中举，次年成进士，入仕后成为"摊丁入亩"在北方的首倡者，被誉为"清朝中期的理财家"[1]。冢头镇西街的秦可京，康熙丁未科武进士，官至副将衔参将，参与平定吴三桂"三藩之乱"，屡立战功，《钦定八旗通志》卷二百四有记。清朝科举出现四位父子双解元被誉为"科名佳话"[2]。冢头镇的"全廷举，顺治戊子。子全规，康熙乙酉"，名列四位榜首。全规名噪京华，成为"中州诗坛巨擘"，主大梁书院讲席，其《真知堂诗集》入《国朝耆献类徵初编》而传世。

1　潘民忠、杨晓宇、李瑞：《平顶山历史名人传》，郑州：中州古籍出版社，1995年。

2　朱鹏寿：《旧典备徵》，北京：中华书局，1982年。

万里茶道豫北段

焦作市文物局　罗火金、张长杰

我国南方的茶叶从福建、江西、湖南等地汇集武汉后，经过在这里的重新分配，通过水路和陆路向我国的北部、东部、西部贩运。其中向北方的运输道路渡过长江，进入河南，蜿蜒曲折达到古都洛阳。在洛阳一部分向西进入陕西方向，主要部分则在孟津渡口过黄河，到达豫北地区。至此向北通往山西则必须穿越巍峨艰险的太行山南段，现在统称"南太行"。自古以来，穿越太行山的古道有八条，号称"太行八陉"。晋·郭缘生《述征记》记载："太行首始河内，北至幽州，凡百岭诸山皆因地立名，实一太行也，连亘十三州之界。有八陉。"何为陉？《尔雅译注·释山》曰："山绝，曰陉。"即指"山脉中断的地方，称之为陉"。第一陉：轵关陉，在河南济源市；第二陉：太行陉，在河内县（现河南沁阳市）；第三陉：白陉，在河南辉县市；第四陉：滏口陉，在河北武安县和磁县之间；第五陉：井陉，在河北井陉县；第六陉：飞狐陉，在河北涞源县和蔚县之间；第七陉：蒲阴陉，在河北易县；第八陉：军都陉，在北京昌平区，即居庸关。而前三陉在河南省境内。

渡过孟津渡口后走哪条路？有三陉可供选择，即轵关陉、太行陉和白陉。商人则根据自己家在什么位置，自己的势力范围和需要办事情的方位而决定走向。其中太行陉是北上太原的传统选择，因为其距离太原最近。

早年为了对河南太行古道进行研究，我们根据文献记载和当地老百姓的口碑相传，曾对太行山上的古代道路进行了认真而艰辛的调查。我们发现：南太行除轵关陉、太行陉、白陉为主要道路外，还有许多后期形成的道路。前三陉形成于商周时期，至春秋战国时期史书上已有记载。魏晋唐宋以后又形成了一些道路，个别的由于其路途较近，甚至也成为主要道路，如"清沟道"等[1]。2014年以来，为了配合万里茶道课题的调查，我们又对其中部分道路重新进行了复查和调查，现将轵陉和白陉的调查材料总结介绍如下，以飨读者。

（一）轵陉、轵关调查报告

轵陉（因轵国或轵邑而名），即太行第一陉，又称轵道、轵关陉。它位于河南济源市境内，大致呈东西向。东始于济源轵城镇，西至山西垣曲县老城（已被三门峡水库淹没）。由此连接侯马地区和汾河流域，北行达太原，路途较为平坦。由于东起轵城镇，故称轵陉，路由城名。其大致线路如下：河南济源轵城镇—承留镇—虎岭—三官殿—封门口村（轵关）—清虚宫村—大店河—王屋村—茶棚村—大路村—邵原镇（濝关）—凹子沟—山西西阳村—洛花村—南地—蒲掌村—英言村—后河—峪子村—垣曲老城。

轵陉从进入虎岭至西阳河村之间为王屋山，石质山脉，西阳河村至垣曲老城为土质丘陵，并且现代的道路和古道基本重叠，所以该道没有保留下来直观的比如像石坂道一样的遗迹。该道全长约70公里，途中有两个重要关口，濝关和轵关。濝关位于济源市邵原镇东侧，古代又称高槲坡、高洪坡、邵源关等。关下坡长约十里，易守难攻。前已有文章考述论证，此不再赘述[2]。现将轵关和这次发现的一座石城的调查情况作一重点介绍。

1 罗火金、张长杰：《太行古道——清沟道调查报告》，《洛阳考古》2013年第3期。

2 罗火金：《濝关考》，《中原文物》2006年第5期。

1. 轵关

轵关位于济源西侧虎岭山内封门村东侧，这里距入山口较近，属于浅山区。封门村四周环山，村东有一条山谷向东通向济源。这一山谷较窄，底部宽约 6~10 米。两侧山势呈 V 形，谷内西高东低，坡度较缓。关城就位于谷的西端。关城南北两侧有城墙沿山脊线直通山顶，据调查，城墙向南到达蓼坞村的黄河岸边，向北呈东北向，经阳城达山西泽州县的小口村附近[1]。1947 年 10 月，陈（赓）谢（富治）兵团挺进豫西时，由于城门较小，汽车大炮过不去，关城被拆除。调查时在群众的房屋和墙基上还发现有城砖，在水窖墙上发现了关城上的石质匾额，群众家里有告示碑和当时制定的规章制度碑等，青石质。

题额碑现垒砌于村东一个大型水窖的墙上。长方形，宽 1.15 米，高 0.5 米。碑面阴刻四个大字"封门天险"。碑左右各有一竖行楷书小字"抚晋使者王庆云重建"和"大清咸丰六年七月吉日"。碑从中间"险"字上断裂；"封"字中间被破坏，字口不清。

告示碑现存于封门村村西一住户家中，保存较好。碑呈圆首长方形，高 1.46 米、宽 0.545 米、厚 0.125 米。楷书，竖行，阴刻，共 12 行，满行 34 字，共 315 字。碑文如下：

> 告示：兵部侍郎兼都察院右副都御史、巡抚山西兼管提督盐政印务、节制太原城、守尉王为。酌定关门启闭时刻，以示限制事。
>
> 照得封门口为豫晋两省出入门户，本部院前以旧关塌废，亟应修建设防，咨商河南抚部院委员会同济源、垣曲等县合勘，重新修建。
>
> 兹据该委员等具报工竣，查关门启闭有常，不可漫无限制，为此示

1 晋城市郊区城区交通志编纂委员会：《晋城市郊区城区交通志》，北京：人民交通出版社，2000 年。

仰弁兵及过往军民人等知悉：每日黎明开关，定昏闭关。该弁限同上锁，无论风雨，必依时启闭。凡过往行人务须留心察看，如遇实有形迹可疑，始许盘诘送垣曲口究问。夜间分班值口关楼兼在附近巡查，不许旷误，遇有叩关者，该弁即亲诣查询，实系本地良民方准开关放行。该弁兵不得故意留难，丝毫需索，致干重咎。往来行人亦不许籍端生事，有干併究，毋违特示。右仰通知，咸丰六年八月。

规章制度碑由上下两块长方形条石组成，为卧碑。碑散存于两个村民之家，经多次工作，分别拓印了两个碑刻，然后将拓片组合在一起，才使我们全面了解该碑的内容。碑上有少部分字迹被泐蚀不清，大部分保存较好。碑呈长方形，高 1.2 米、宽 1.45 米、厚 0.125 米。楷书，竖行，阴刻，共 47 行，满行 35 字，共 1538 字。碑文如下：

总理山西军需报销局，提刑按察使司□□使统辖全省驿传事务、承宣布政使司布政使、分守冀宁道辖太汾□□□□沁七府州兼管水利事务沈恒瑞，今将重修封门关口详明，巡抚部院核定章程五条刊刻于后。计开：

一借地修关，以藩晋豫。查山西垣曲县接壤豫境，实两省出入门户。前如防守有所倚凭，逆匪不能窜越。今晋省筹办善后，累经委堪，垣邑山多路歧无险可扼，惟距县城百十里之河南济源县属封门口，为诸路总汇。旧有关门墙址，古人因地设险，深意犹存。但关门砖口脱落，瓮浅门废，上无关楼，中无关垛，南北两山不列关墙。地势虽险而关制不严。今增筑关楼关身，高四丈五尺，宽二十二丈。关墙左右横六十丈，关垛望眼、枪眼、炮眼星罗棋布。并山南安有炮台，山北立有瞭台，一如图式。借豫地而卫晋省，因晋关以固豫疆，一举两益。咨商意同，地属豫辖，本应归豫办理，现值楚皖多事，豫省防剿为劳，无暇兼顾，由晋筹款委员会同怀庆济源、垣曲合勘修建，期于筑固，不事粉饰，互严锁钥，慎守封坼。

一立关必须设防。惟驻兵多则恐致滋扰，少则不敷差遣。今酌拟由晋移驻把总一员，马兵五员，步兵十五名。由该把总在于封门地方招募，有家有业，年纪精壮良民充当，造册呈送存查。不准以无业游民并老弱滥充。以该处之父老、该处之兵于地方情形较为熟悉。查垣曲城守把总系归平垣营管辖，往来文书须交把总转到平垣，紧要公事每多迟滞。今移驻封门之把总拟归平阳营管辖，紧急公文可期□□至。把总有原营俸饷可领，无须另议。所有马步兵丁二十名饷干等项，在于南镇裁决。项下务给买与马匹，拨给军器，以资巡防。责令该管把总时加训练，设遇警报，令马兵往来驰报，以将声气冉衙署。兵马即在关前购买，旧房略为整理，门前署守关营汛坊，以存体制。

一酌定启闭，以顺民情。查关内西行五里之清虚宫，有煤窑数座，怀庆之温县、孟县、济源三县居民，皆资利用。向来驴骡装载，日夜行走不断。又一切粮食、竹铁货物，络绎往来。今修建关隘自应酌定启闭时刻，出示晓谕，居民行旅使知限制。每日黎明开关，定昏闭关。照令处城门启闭时刻，令该弁眼同上锁，无论风雨必依时启闭，不准忽迟忽早。凡过往行人，务留心察看。不准故意留难，丝毫需索。如遇实在形迹可疑之人，方许盘诘，送垣曲县究问。夜间分班值宿关楼，兼在附近巡查，不准□□。遇有叩关者，回明该管把总，亲诣查问，实系本地口音，安业良民，方准开关放行。此系常时启闭时刻，倘遇有事之秋，另示启闭限制。

一慎选弁员以资约束，制定赏罚而示劝告。查此关孤悬于深严穷谷之中，系属豫晋边地，今建关设兵固为防奸，实以卫民。诚恐兵丁假公济私，或□□需索、或故意阻拦、或见货客无所取值，则执定盘查、或遇匪人得受数钱则故纵放行。种种弊端，难以检举。要除弊端，全在管束得人。今拟移驻把总一员，发给铃记，令平阳营辖管。将备于每年年终，须保约束有方。安静自爱者，一员详情，委赴封门换防。若能约束兵丁□不滋扰，认真盘查，拿住要犯奸细，随时奖励兵丁给尝。若一年期满，虽无拿住要犯奸细，果能管束兵丁、巡查无过，回原营后，遇有南镇千总缺出，尽先拨补。□□之将备给予记功。倘敢于盘获要犯奸细受贿纵放并纵兵留难行旅，索诈分肥，或漫不经心失于查察，一经查出或被告发，立即分别斥革提究，原保将被一并参处。并令垣曲县随□□□据实禀揭。如无过失，由县出给印结，交该把总赏回原营，呈送该管，将备详情存案。始□□□在该汛马兵内，如果有材艺出众之人，准该把总保送平阳营考验，给予顶戴，分别以经制颁发记给补用，并令报明，移知垣曲，由该管将备详明存案。

一严禁需索以安行旅。□宁□兵丁有敢需索行旅分文者，许即扭禀该管把总，立刻重责革除，不准稍纵宽贷，□□□□□纵徇庇被诈之人，即赴有司衙门控究，据实申详，定将弁兵一并重惩。将此勒石□□深刻，使众目共睹。

大清咸丰六年八月吉日。

2. 新城

该城位于轵关西约 3 公里的丘陵之中，两山夹一沟，新城位于沟底。城墙为长方形条石砌筑。石城为东西向，呈长方形，形体较小，仅西墙和东墙各有一门。城墙外侧东西长约 55 米、南北宽约 45 米、厚约 1.5 米。城内南北两则有营房遗迹。由于该城没有断代的各种依据，我们仅从其结构和特征看，建造和使用时代可能为明代晚期。当地百姓称其为"新城"，使用时间很短，后又迁至老城，即指老轵关城。

轵道形成于何时？史书上没有记载。我们认为其应形成于商代和西周时期，至春秋战国时期已经成为一条沟通晋南豫北的主要通道。春秋时代，晋国国都在垣曲西部的绛县、曲沃和侯马几个相邻的城市间移动。公元前 636 年，晋文公派兵送周襄王回洛阳，杀太叔带，周以阳樊、温、原、攒茅四邑给晋。晋遂有太行山以南，黄河北岸之地。这一带即今焦作、济源和新乡以西地区，也是南太行与黄河之间的地区[1]。而轵道则成为连接国都与这里的主要通道，其重要性凸显。以后由于山西与济源之间唇齿相依，而垣曲则"山多路歧无险可扼"，而"河南济源县属封门口，为诸路总汇"，扼豫晋两省门户要冲，关系到山西的安危存亡。

和平时期该道又是一条重要的商贸通道。山西运城是重要的食盐生产基地，轵道则是当地重要的盐运通道。秦汉时期，轵关就设有盐官，专事盐税。明清时期为晋豫之间物质交流的重要通道，"又一切粮食、竹铁货物，络绎往来"，其中也有茶叶的运输。轵道对山左山右繁荣经济的作用可见一斑。

轵关曾是我国历史上的一个地理坐标。南北朝时期轵关曾是东魏和西魏、北齐和北周的分界线。北齐天保三年（552年），怀州刺史平鉴调集工匠整修轵关，加强防御工事以拒西魏；北齐河清三年（564年），大将斛律光率卒二万，沿轵关筑长城二百里置十三戍，史称该长城为齐岭。同年九月，北周大将杨标进攻轵关，北齐太尉娄睿凭借轵关天险和坚固的长城工事，抵御来犯之敌。两月余，破北周军于轵关并生擒杨标[2]。

从碑刻记载可知，轵关的最后一次重建是在清咸丰六年（1856年）。当时是为了防止太平军北进，"前如防守有所倚凭，逆匪不能窜越"。

（二）白陉调查报告

白陉又称孟门陉，是古代穿越太行山主要的道路之一，为太行第三陉。

1　运城地区行署交通局交通史志编纂委员会：《运城地区交通志》，太原：山西人民出版社，1992年。

2　〔唐〕李延寿：《北史·杨标传》。

白陉南起河南辉县薄壁镇、北至山西陵川县城，因其翻越白云山而得名。

其具体线路是：从薄壁镇北行，过鸭口村（又称垭口村）、竹园村，沿山谷盘行至山顶紫霞关。翻越隘口后，蜿蜒下行至关爷坪村。再向西约3公里，进入南北向的磨河河谷，逆河而上，至双底村（古为埌底村）后向西北偏移，脱离河道，沿山中的山丘土道达陵川县城。从薄壁镇北上，沿途经过许多村庄，从南向北依次有：薄壁镇—鸭口村—石寨门村—竹园村—紫霞关—武家湾—古石村—大双村—榆树湾—双底村（七十二拐处）—行颠桥—陵川，北行至过壶关，直到长治（古称上党）。

从陵川县城东至辉县市薄壁镇西，太行山有一条南北向的大裂谷，裂谷内有一条河流，古代称清水，《水经注》上有载。现今山西省境内称之为磨河，河南省境内称峪河。出山口处，当地群众俗称之为"瑶河"。磨河发源于陵川县城东东毕村附近的崇山峻岭中，沿断裂带东南流，在河南辉县薄壁镇西冲出山口，进入平原，白陉主要穿行在磨河两岸。白陉上保留的遗迹主要有石坂道、紫霞关关口、清代商店、悬天栈道、桥梁等。介绍如下。

1. 紫霞关

又称孟门隘口，位于薄壁镇北部太行山的顶端，现在当地人称之为"没牙豁和门牙豁"，较为形象地道出了关口的形状。现薄壁镇北部的这段山脉，又称关山，关山风景旅游区就在这里。山脉大致呈东北西南向，以山顶为界，山北为山西省，山南属河南省。原始山脉在这里有一处天然垭口，现在以垭口为界，分为北关山和南关山。山南垭口下一条山沟直达山下，长约2000米，海拔高度1238米。山沟两侧山脉岩石均是红砂岩，颜色如天上的彩霞，故名紫霞关。

关口位于垭口处，面积狭小。古人在垭口处将山体下凿，形成一条长方形通道，长约8.4米、宽约3.9米。关口坐西向东，位于通道的西端。

关口宽约 2.5~2.9 米、高 2.1 米。关口城门破坏严重，从现存迹象分析，城门下部呈长方形通道，上为拱券顶。现南侧人工垒砌的墙体和拱券顶已破坏不存，仅保存有北侧墙体的下部。北侧关城墙体是用长方形条石将山体包砌，由墙基和墙体两部分组成。墙基高约 0.8 米，城门洞东西两侧基础宽于墙体 0.06 米。墙体保存高度 0.78~1.3 米、厚约 0.3 米、宽约（进深）1.68 米；南侧墙体也已不存，现岩石裸露。墙基和墙体保存最高 2.1 米。青条石最大者长 0.7 米、宽 0.3 米、厚 0.28 米。

关口以东，北侧为峭壁，南侧为陡坡。形成一夫当关、万夫莫开之势。

2. 关前石坂道

关口向南拐即为山沟的尽头。向下的道路均为之字形石坂道，人工垒砌，一直通到山脚下，现仅上部保存较好，山腰以下被山洪摧毁。每段石坂道长 8~18 米、宽 0.5~1.2 米，现存约 40 余段。在关口下约 200 米处的路旁，有一较大的青石块，南北长 8 米、东西约 5 米。据当地老百姓讲，20 世纪五六十年代，青石上尚保留有一饭店，供来往商旅休息打尖。

3. 关后石道

位于山脊北坡，自然形成，无人工修理痕迹，由斜坡和自然台阶相间连接而成。道路宽 0.5~5.5 米，高处较窄，下部较宽。坡度较陡。

埌底村段：埌底村位于陵川县东南 30 公里处，该村背靠大山，村东为南北向的磨河，村南有一条西北至东南向的深沟，当地人称之为"黑毛沟"，埌底村就坐落在磨河与黑毛沟的夹角台地上。在村后的西北部有该道上最集中和最艰难的一段道路。该段由七十二拐石坂道、悬天栈道和石桥组成。三者前后相连，是该道上一道壮丽的奇观。

七十二拐即指之字形石坂道，上下落差 300 多米。这段道路在两山的夹缝中修成之字形，共有 72 个转弯，故俗称"七十二拐"。全为人工垒砌，道旁有石砌路牙。转弯与转弯之间的道路长短不一，长 5~19 米、最宽处 4.2 米、最窄处仅有 2.5 米，路牙宽 0.4~0.8 米。路面均用青石铺筑，在平坦的路石之间有许多竖栽的横石，高出路面有一二寸，村民谓之档石。档石的作用有三种：一是为排泄洪水所用；二是防止骡马和行人打滑；三是对铺路石进行固定，以防年久路石松动。七十二拐保存完好，与路面的石档设计是分不开的。由于路面坡度不同，石档的间距也不相同。坡度减缓地段，石档间距相对较大；坡度较陡之段，石档间距相对较小。特别是由于山中的雨水冲击力大，对道路的破坏最大，石档则可以减缓水流的速度，减小对道路的破坏力。

山神庙是位于在七十二拐顶端的三间房屋，现已成残垣断壁。从保留下来的迹象看，面积较小，进深较浅。后墙依山为壁。顶部为山西传统的窑洞式顶。当地人称该房为茶棚，既是敬神之所，又是古代供商旅休息喝茶喂马之地。庙内现存有两通石碑，其一碑高 0.89 米、宽 0.36 米，系清嘉庆十八年（1813 年）所立。碑上题刻"界碑"二字，下部碑文楷书，竖行，碑文如下：

> 小蛱之巅，钟磐号风雨，香烟含树者焉。山神祠诚当两省要塞是焉，属往来冲衢几以供行人逾中思看，莫不蒙神之庇佑乎，岂可令其废坏乎。适客遇见其栋宇卧草蓁烟，神忝吞风饮雨，道低回留之不能去。因汇集里中募集大殿，祈诸公捐资同裹胜峰，俾宇之卧草棲雨者得以停云疑日，俾神像之吞云饮雨者，得以佩玉搜金。庶几人神同受其庇佑。后勒石以记。贵盛店、进兴裕号、西万盛、均盛店、德顺号、义隆号、义兴店、赵兴义店、北兴号、桂兴号、悦来坊、司仪坊、义和坊、永兴坊、生升号、天成号、贾兴号。

碑中记载有 17 个过往客商的商号。"万善同归"碑：碑为方形，圆首，通高 1.32 米、宽 0.475 米、厚 0.12 米，系道光二十二年（1842 年）立。该碑系修路集资碑，碑上记录了集资的商号和个人的名单和数量。由于字体较小，我们仅记录了部分商号名单，有："重修山神庙捐输布施姓氏开列于后：新泰号、三盛号、富盛号、东复兴、东作坊、西作坊、恒义店……"

悬天栈道位于七十二拐顶端并与之相连。因位于山腰中间的一个平台上，一侧为峭壁，壁立万仞；一侧临悬崖，深不见底。栈道长约5000米，最宽处4.7米、最窄处1.1米。路面有的是裸露的山石，是用自然石头或略为加工成不同形状的石头铺砌而成，在一些较为光滑的地段，人工在石面上凿出线条以防打滑。在古道上还保留有几十个圆形和半圆形的马蹄印。外侧路牙全部用石头砌设。路上有一处较为艰险，村民俗称"阎王鼻"，是山头急转处，路呈斜坡状，下为深沟，以往有一些商贾或运输的骡马曾在这里坠落悬崖。悬崖内侧开凿有一个石门，石门宽1.8米、深约2.6米、长约2.4米，时代不详。

另外在一些石崖下有自然形成的石棚，保留有石臼和火烧痕迹，并从山缝中有清泉涓涓流出。这些地方是过往商贾避雨休息的地方。

垆底村段石坂道在20世纪50~70年代尚有过几次维修，现仍继续使用。在一些石块上凿刻有五角星、村庄名字、人名、年号等。这段道路是白陉中保存最完整、最长的古道。

4. 石砌桥梁

位于陵川县城东南约30公里处，南接悬天栈道。这里两条山沟呈丁字形，该桥横跨在一条东西向的较小的沟壑上，桥身大致呈南北向。此桥为两座桥身上下相叠，上边一座体形较大，为民国年间修建；下面的一座体形较小，创建年代不详。上桥保存完好，为石砌单券石拱桥，跨径12.3米。桥面平整，两侧有护栏，桥面长30.73米、宽6.2米、高18米，桥侧两旁拱券顶上各镶嵌一块长方形石刻，中间楷书题刻"行巅第一桥"，落款呈竖行，题"民国十九年"（1930年）。石桥的栏杆为方形，里侧有望柱14根，外侧有12根，柱头雕刻为桃形和八面形。下桥也为单券石拱桥，由自然石块和石片砌成，石头之间没有黏合剂。由于该桥形体较小，砌筑方法简单原始，时代应在上桥之前，但具体年代不详。

5. 古店铺

两处。一处在辉县市平甸村，另一处在陵川县武家湾村。

武家湾位于磨河东岸，村子南北狭长，村民沿河而居。古店铺位于村子偏南，门前即为白陉古道，为四合院式建筑形式，由临街房、两厢房和上房组成。临街房即门面房，是做生意的场所。现仅存清代所建上房，其余房屋已被改建。经调查，原来所有的建筑均是明清时期山西典型的两层楼阁式建筑。抗日战争时期，河南修武县、获嘉县和新乡县的抗日政权就隐藏在这里，上房的外墙砌石上刻有"抗日"两个大字。上房面阔五间，进深两间，前带廊，两层楼阁式建筑，灰筒板瓦覆顶。

平甸村位于武家湾村南约 5 公里，属河南省新乡市辉县市所辖，村北距白陉古道约 1.5 公里。该村西临磨河，地势平坦，人口相对较多，是山中较大的一个村落。古店铺位于村中间，坐西向东，面临南北大街，是典型的四合院建筑形式，古色古香，保存较好，据村民说，该店是山西晋商平遥乔家所建。临街房的门额上题刻"照义兴老店"。上房、临街房和厢房均面阔三间，除临街房为一层两面坡外，其余均为两层楼阁式建筑，灰筒板瓦覆顶。

6.庙宇

在白陉沿线的各个村庄中保存有许多庙宇，如关爷坪村有关帝庙，古石村有玉皇庙，榆树湾有山神庙，马圪垱有奶奶庙等，在庙中的一些碑刻中有些记载有捐资行商的商号，这些商号对研究晋商、豫商提供了珍贵的资料。如武家湾诸神观中清道光九年（1829 年）的一通碑中记载有 20 多个商号的名单，有新泰号、信诚号、三盛号、永春号、悦来店、荣盛店、余明号、顺成号、德泰号、新盛号、协同号、义和号、聚昌号、敬盛号、兴义号、同盛号、恒泰号、聚义号、和美号、隆顺号、义隆号、兴盛号、广聚作坊、双兴染坊等，对研究过往客商的经济活动有一定的价值。

后　记

　　2014 年 7 月，受河南省文物局委托，河南省文物建筑保护研究院成立了由杨华南、杨东昱、李丹丹、孙锦、付力、吴杰等组成的调查队，对河南省境内万里茶道线路及相关文化遗产进行了详细的调查和有重点的测量，取得了大量珍贵、翔实的资料和数据。通过调查和研究，基本摸清了茶道线路分布状况及沿线相关的十余类珍贵的文化遗产。在此基础上，作为万里茶道河南段文化遗产资源调查与研究的主要业务成果之一，河南省文物建筑保护研究院汇总编纂了《万里茶道河南段文化遗产调查与研究》一书，将茶道线路和相关遗产公示与众，并收集了部分相关研究成果，以期抛砖引玉，让更多的人了解万里茶道，参与到茶道的宣传、保护及研究工作之中。

　　杨华南同志承担了本书的主要编写工作，李丹丹同志参与了第三章第一节"南阳市万里茶道相关遗产"的编写，杨东昱同志参与了第三章第二节"平顶山市万里茶道相关遗产"的编写，付力同志承担了部分重要遗产点的航片及照片的拍摄工作，其他照片自茶道调查人员拍摄的照片中挑选，孙锦同志和杨华南同志对书稿进行了审校。

　　本书是集体努力的成果。感谢河南省文物局对万里茶道遗产调查工作及本书编写工作的重视和指导。陈爱兰局长多次对万里茶道保护工作做出重要指示，并为本书做序；孙英民副局长多次亲自带队，与茶道沿线省、市文物部门交流，沟通茶道工作；司治平处长与张向东副处长和调查队一起深入实地，直接指导调查和研究工作。感谢茶道沿线各市县文化文物部门对调查工作的支持，他们为调查工作的顺利开展奠定了坚实的基础。河南省博物院张得水副院长，在开展万里茶道调研工作时任河南省文物建筑保护研究院院长，一直关注和支持茶道调查、研究及出版工作，不仅参与并指导调研，还对书稿进行了最终审核；河南省文物建筑保护研究院杨振威院长、吕军辉副院长亲自参与并指导了调查与研究工作，推动了本书的最终付梓。在调查工作中，南阳市贾付军同志、平顶山市赵利鑫同志、焦作市罗火金同志以及沿线各县派出的专业人员，陪同调查队深入野外，参与到调查工作之中，为调查工作的顺利开展及本书的完成付出了大量心血，在此一并致以最崇高的谢意！

自开始调查至本书成稿，时间较为仓促，研究尚不够深入，书中难免存在诸多问题和不足，请广大同仁、读者批评指正。

编者

2016 年 3 月